U0122967

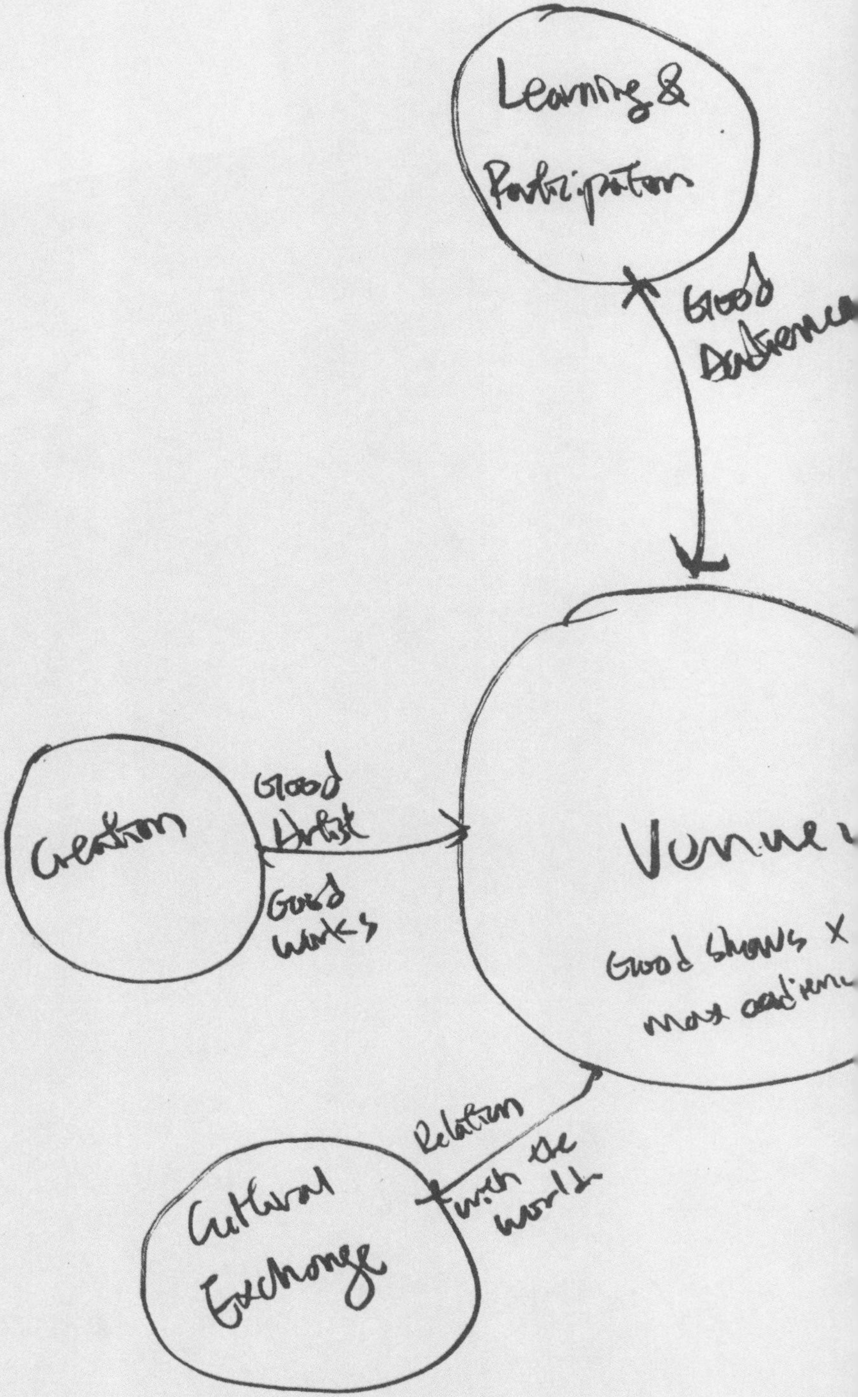

Learning &
Participation

Good
Audience

Creation

Good
Artist

Good
works

Venue

Good shows x
most audience

Relation
with the
world

Cultural
Exchange

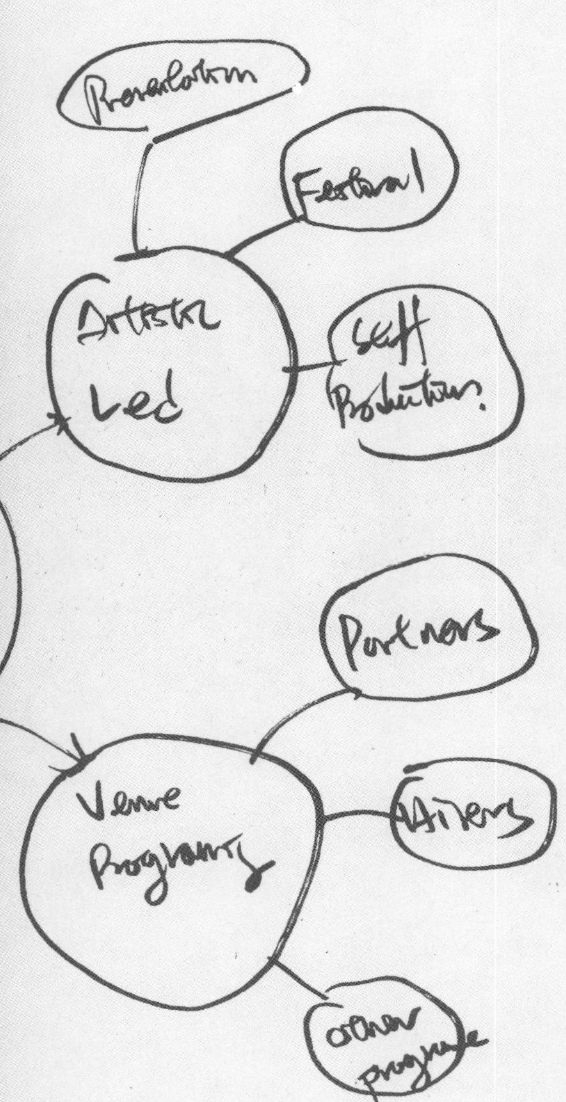
Festival
Artistic
Led
Self
Production.
Partners
Venue
Programming

■ 西九龍海濱長廊（2009）
「09 香港・深圳城市＼建築雙城雙年展」

文化城市之路

94
07
10

茹國烈／著

目 次

西九文化區（2010-2019）

總結與前瞻：

推　薦　序

文：鄭新文教授

（香港教育大學兼任教授，文化委員會成員）

很榮幸茹國烈教授邀請我為本書寫序，有幸三十年來在多個不同的崗位上與 Louis 合作，包括在香港藝術發展局委員會上共事、我替香港藝術學院策劃課程、擔任一些西九文化區調研項目的顧問、他不收酬金替香港教育大學的 EMA 碩士課程任教等。一直很佩服他開放和敢言的性格，善於觀察、提問和把握重點的能力，對閱讀的狂熱等。跟他一起開會最好有白板或畫紙，因為他喜歡「畫圖」解釋他的概念。這些個人特質相信促成了他的第一本著作《城市如何文化》。在工作上他注重調研、審視大局、目標為本，鼓勵創新思維，這些管理風格，讀者可以通過本書充分領會。早年 Louis 喜歡撰寫劇評，今天發展了自成一家的解讀文化傳承發展核心理念，更不斷探索與文化政策、藝術管理的結合，可以說是完美的結果。

最初相當困擾，為何給我這麼大的榮譽。後來在內容裡看到「我希望這兩本書能夠幫助讀者帶著歷史感看待現在」，好像有了一點提示。除了年齡和好友因素外，大概是因為我也一直認同和倡議「帶著歷史感看現在」這個理念。

我先前從事藝術管理前線工作（香港管弦樂團、香港藝術節協會有限公司）時深信行業的整體狀況影響每個機構的發展，所以積極參與香港藝術行政人員協會的工作，關注整體生態。在香港藝術發展局工作時我設計了一個藝術生態環境圖，展示不同的組成元素如何互為影響，自此在我任教的課程及在不少外地講座都用此圖作為框架來分析香港的情況，並解讀不同時期政府措施對生態的影響。目的是提醒藝術管理人規劃時一定要理解生態，也應該通過個人、機構、行業協會的努力，包括向公共政策制定者倡議，嘗試完善生態。因此我通過教學倡議藝術管理人「帶著歷史感看現在」，而 Louis 在這方面是真正的「身體力行」，從本書內容可以看到他的工作中極為重視歷史和生態因素。

最近幾年閱讀了不少同行和長輩的「回憶錄」和「口述歷史」，這本著作也可以被解讀為「茹國烈的前半生」。作為一個藝術管理人（康樂及文化事務署體制外），職業生涯內有機會擔任香港藝術中心總幹事、香港藝術發展局行政總裁、西九文化區管理局表演藝術行政總監可說是前無古人，他的經歷本身就是很吸引的故事和珍貴的歷史資料，但是 Louis 採用了更加獨特和宏觀的角度，把他在三個藝術機構的工作與外部環境（香港城市的文化發展）結合，成為了「茹國烈的文化城市之路」。我相信這個「文化城市發展」視角大大擴寬了讀者群（正如他的「文化光譜」框架和著作《城市如何文化》），讓更多關心文化的香港市民了解香港的文化發展脈絡，以及藝術管理人在其中可以扮演甚麼角色。

很慶幸西九文化區在關鍵的籌劃階段有 Louis 這麼高瞻

遠矚的文化領袖，在表演藝術的硬件和軟件規劃時能夠充分考慮城市文化身份、文化傳承、文化生態可持續發展等議題。正如 Louis 指出，因為西九是香港史無前例的巨大文化投資，引起整個社會的注意，過去二十年整個城市都在學習社會為甚麼要支援藝術、要支持甚麼藝術。在西九文化區管理局成立後 Louis 在職的十年，在政治凌駕發展的環境下，專業的課題和意見往往都引起不必要的爭議。藝術管理領導和團隊承擔的壓力可想而知，Louis 願意把他的心路歷程（包括反思）分享，顯示他勇於承擔的胸襟，同時引領讀者關注香港文化生態的重要課題，例如院團結合的可能性、缺乏民營劇場等。

貫徹「帶著歷史感看現在」，Louis 通過導言概述 1962 年（香港大會堂啟用）前和 1962 至 1994 年香港的文化發展，提醒讀者不要錯過了這重要章節，因為 1962 至 1994 年期間香港建造了十多個文化場地，部分藝術節慶、專業藝團亦發展成當時的亞洲品牌，香港已經擺脫「文化沙漠」標籤，正如 Louis 指出「1997 年回歸中國時，在藝術方面於亞洲眾多城市中已經相當突出」。

相信每一位讀者通過此書對香港文化發展道路的「路況」（是否平坦、是否暢通、有何障礙等）都更為了解，也對道路設計工程師和管理團隊（Louis 和他的藝術管理團隊）擔任的角色和影響更加清楚。假如你是藝術管理人的話，相信你應該從此書獲得不少啟發，包括視野、研究、開放、承擔對管理人的重要性，採用這種管理思維來策劃可以把項目和機構的價值及影響最大化，並開發無窮的可能，那未來我們的「文化城市之路」能夠更加寬闊、順暢和美麗。

早在我完成西九文化區的工作前，我已經開始把一些工作的記憶寫下來，存在電腦的一個檔案夾中，檔案夾的名稱是 Before I forget（在我忘記前）。我那時想，這九年的工作，畢竟會長遠地影響到香港的文化發展，有些事情和想法很值得寫下來，為歷史留個紀錄。

2019 年 9 月我到倫敦進修，開始有出版此書的念頭，當時抱著「搶救記憶」的想法，想到甚麼就寫甚麼，斷斷續續亂寫了數萬字。但後來我開始生出了「文化光譜」的想法，一頭栽進了相關的研究，忙於寫作和演講，把「在我忘記前」寫作計劃擱置下來。結果，到我完成《城市如何文化》的出版之後，我才重新打開這個檔案夾。

當時我的想法不同了，要論述西九文化區的來龍去脈，便一定要談及整個香港的文化藝術發展，至少要從二十世紀六十年代開始。而我九十年代在香港藝術中心的工作，以及千禧年後在香港藝術發展局的工作，剛好在這六十年來的發展脈絡當中。我要細述的，不只是我的個人經歷，而是從中所看到這城市的文化發展歷程。因此，我把手上的文字大幅改動，並加入藝術中心和藝發局，以及宏觀論述的部分，有了現在這本《文化城市之路》。

在《城市如何文化》的開首，我問：「文化區建成後，城市就變得有文化嗎？」並提出城市文化是由四個「文化光譜」的元素組成，分別是「信念和價值觀」、「日常生活風格」、「藝術和創造」以及「記憶和傳統」。

從這角度看，《文化城市之路》是《城市如何文化》的前傳，所分享的是香港這城市如何從被稱為「文化沙漠」，到世界級文化區建立的過程。香港走過的這條路，在其他城市看來並不陌生，在這數十年間，很多城市也在發展藝術文化，同時走上了這條文化城市之路。

我希望這兩本書能夠幫助讀者帶著歷史感看待現在，以宏觀的視野看待文化。從這兩本書看見自己身處的城市，也看見世界上每一個城市，從而思考未來的路要怎樣走。

感謝香港藝術發展局的資助。

感謝在香港藝術中心、香港藝術發展局、西九文化區管理局，及以往和我共事過的朋友，與我一起走過這條城市文化之路。

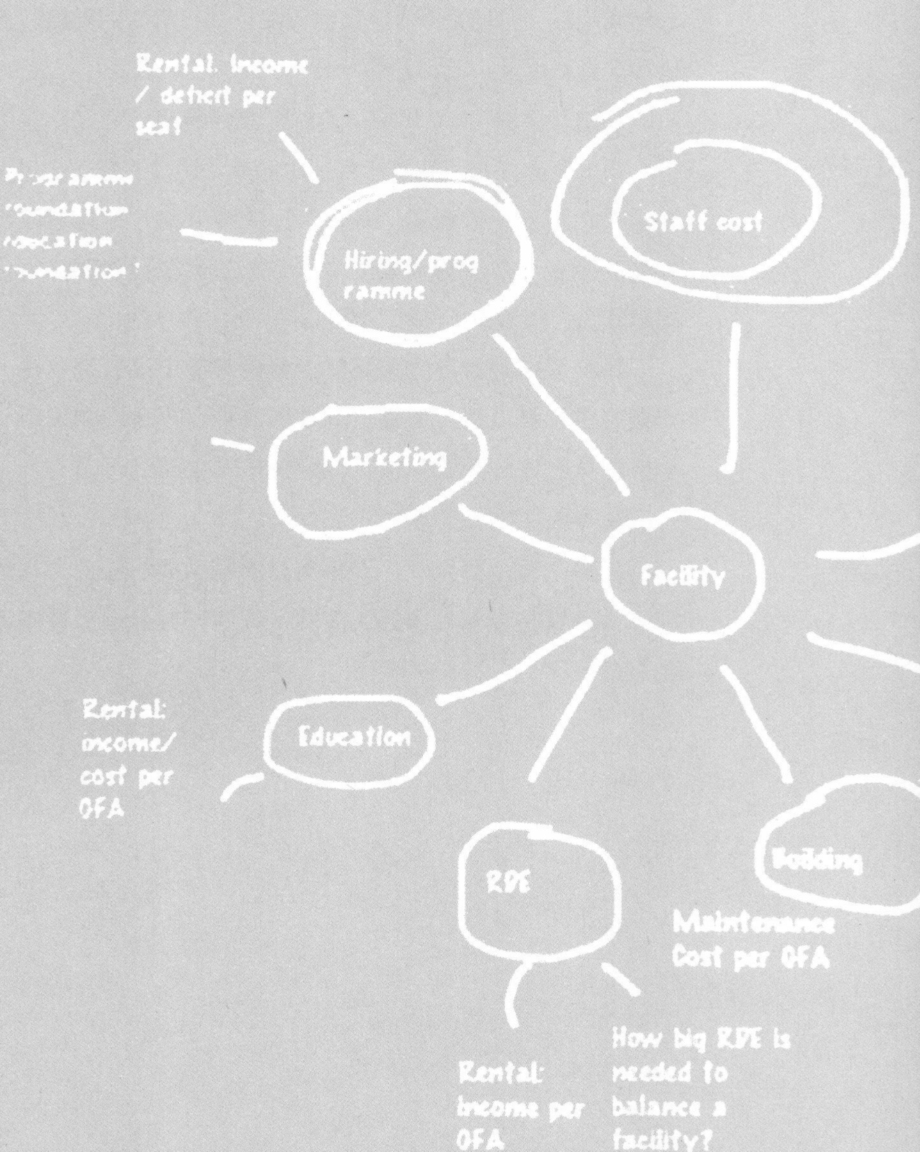

CACF Budget structure
Rental income / deficit per seat
Hiring/programme
Staff cost
Marketing
Facility
Rental: income/ cost per GFA
Education
RDE
Building
Maintenance Cost per GFA
Rental: income per GFA
How big RDE is needed to balance a facility?

導　言

Electricity: cost per GFA

Back of house

Maintenance Cost per Seat

從
文化　沙漠
到
文化　城市

香港的城市建設，始於 1841 年英國的殖民管治，到了二十世紀初，香港已經成為一個相當先進的國際港口，大英帝國令香港成為了帝國遠東最重要的貿易中心之一。英國人的統治目的本是貿易，並沒有在香港發展文化藝術的意圖，所以第一代的大會堂（1869–1933）雖然有劇場、圖書館和展覽廳，其實只是英國人的會所。西方藝術僅在英國人和他們的小圈子中流行，大部分華人依然生活在嶺南文化之中，各不相干。而在北方南來的文化人眼中，香港也不算是文化繁盛的地方，從此以後，香港常被稱為「文化沙漠」。

第二次世界大戰讓這一切停頓，日軍佔領了香港三年零八個月。1945 年戰爭結束後，殖民管治恢復，但中國隨即發生內戰，這是香港城市化的轉捩點，大量人口從內地移入香港，及至 1960 年，人口達到三百萬，較戰前增加一倍。隨著韓戰和越戰的爆發，香港再急速發展成為東西方世界的交匯點。大量五湖四海的內地人遷入，令當時的香港文化環境變得相當混雜和多元化。日常生活風格方面，西方文化逐漸流行，但傳統節日和禮儀仍然活躍，西裝和唐裝同是日常服，一如西方流行曲和粵曲粵劇，同時是大眾的主流娛樂。

信念和價值觀方面，不同的移民帶來不同的宗教信仰，如佛教、道教或其他中國民間信仰，天主教與基督教，印度教和伊斯蘭教，甚至波斯祆教（拜火教）都在香港活躍；娛樂文化方面，西方戰後的流行文化通過收音機、電影院傳播給戰後的年輕人，報紙雜誌成為大眾的精神食糧，武俠小說和愛情小說風靡一時。戰後的五十年代，社會在為生計和貧窮拚搏，那是香港形成新格局的年代，香港成為不同文化交集的大熔爐。在這年代裡，文化環境主要是民間活動，縱然相當活躍，但政府並沒有發展藝術的政策，也沒有古蹟及文物保育政策。

香港的藝術政策是由 1962 年開幕的香港大會堂（大會堂）開始的，這是香港政府興建的首個現代藝術場地，包括了音樂廳、劇院、演奏廳、會議室、圖書館、香港博物美術館（香港藝術館的前身）、展覽廳和為紀念在第二次世界大戰捐軀的軍民而設的紀念花園，還有西式餐廳、中式酒樓和婚姻註冊處，豐富地包含了文化的各種元素。香港是華人為主的社會，適合西方藝術的展覽廳和演出場地，從來都不足夠，大會堂的成立，除了補充這方面的不足，也極具象徵意義。這個立於立法會大樓前的文化設施，位處香港政治和金融的中心地帶，它是每任港督到任履新，宣誓就職的地方。大會堂從一開始就由政府興建，亦由政府營運，開放給市民享用。雖然，以香港當年三百多萬的人口計算，應該只有很少數市民曾經使用過這些藝術設施，但這個由政府主導推廣藝術的運作模式，對殖民地政府而言，是從未有過的政策。從此以後，香港政府一直沿用這種模式去發展香港的藝術活動。

六十年代中期，香港經歷了嚴重的社會動盪，政府開始制定青年政策，其中包括鼓勵他們參與文娛活動，陶冶性情。1967 年，免費電視出現，配合原本已經相當蓬勃的電台、唱片和電影業，令香港的娛樂事業開始起飛。

到了七十年代，香港經濟急速發展，成為「亞洲四小龍」之一，人口增加至四百多萬，政府開發新市鎮，並開始在電影、流行音樂之外，大力發展藝術。沿用大會堂的模式，政府在香港各區和新市鎮策劃文娛設施。這些場館紛紛於八十年代開幕，包括荃灣大會堂、北區大會堂、高山劇場、香港體育館、大埔文娛中心、沙田大會堂、屯門大會堂、牛池灣文娛中心、上環文娛中心。八十年代是香港藝術大建設的年代，以 1989 年香港文化中心的開幕為這十年發展的高潮。

這些藝術場地，由當時的市政局和區域市政局（2000 年變成現在的康樂及文化事務署〔康文署〕）營運，並由七、八十年代開始，培養專業的藝術團體。同一時期，政府於 1982 年成立香港演藝發展局（後來於 1995 年變成現在的香港藝術發展局），資助藝術家和藝團，亦於 1984 年成立了香港演藝學院（演藝學院）培訓人才，背後的理念是由政府促進藝術發展，並推動藝術普及化。這些發展，構成了香港藝術政策的基礎架構，也是香港由「文化沙漠」，步入現代城市的藝術發展模式。

回頭看，這些政策背後其實是「藝術普及化」的概念，也是西方國家當時流行的藝術政策思維。西方社會的文藝發展之路，是繼十九世紀把文藝從傳統貴族擴闊至資產階級，開啟了商業化的藝術潮流，並在二十世紀初發揚光大，發展出藝術品的商業市場以及倫敦西區戲劇區和紐約百老匯的商業模式。第二次世界大戰後，在民主思潮的影響之下，藝術被視為公民權利，而不只是有錢階級的玩意，令藝術普及是政府不可或缺的責任。英美政府以「藝術普及化」的理念，在戰後開始資助藝術發展，興建場館，成立資助機構，扶植藝團，把藝術推廣到社區，這概念最終亦主導了香港六十年代至八十年代的藝術政策。

由六十年代前欠缺藝術政策的文化環境，香港在六十至八十年代這三十年之間的藝術政策，把香港發展成以「藝術普及化」為主導的環境。經過八十年代的急速發展，以至香港於 1997 年回歸中國時，在藝術方面於亞洲眾多城市中已經相當突出，既有自己的文化特色，各方面亦相當蓬勃。在九七回歸數年後，特區政府更提出一個史無前例的文化願景，要成立「西九龍文娛藝術區」的計劃，打算建設世界級的文化場地。

這就是香港文化發展的故事。

一個城市究竟如何才算有文化？我在《城市如何文化》一書裡，提出了一套城市文化的理論「文化光譜」，其中指出，城市文化是由四種元素組成的，分別是：信念和價值觀、日常生活風格、藝術和創造，以及記憶和傳統。在一個城市裡，這四個元素互相影響，互相混合和重疊，這四種元素不斷從外面輸入，也自城市往外輸出。不同的城市在不同的時代，擁有不同的文化光譜。文化並非靜止不變的，一個文化蓬勃的城市，就是能夠讓這四種元素不停地混合、發酵和累積的城市。

我嘗試運用這角度細看香港數十年來的文化發展。在這本《文化城市之路》一書裡，我由自身經歷出發，通過我在三個藝術機構的工作，細說香港如何從二十世紀六十年代開始，努力擺脫「文化沙漠」這標籤，建設文化城市。

首先是香港藝術中心（藝術中心），我於 1994 至 2007 年在這裡工作；然後是香港藝術發展局（藝發局），我於 2007 至 2010 年這三年擔任藝發局的行政總裁；第三個要詳細論述的機構是西九文化區管理局（西九管理局），我在 2010 至 2019 年於西九管理局擔任表演藝術行政總監。我過去這三十年的工作，剛好碰上香港藝術普及化、專業化和國際化的高速發展階段。由場地到節目內容，由支持創作人才到觀眾培養，香港藝術在這段時間可說是大幅進步，也很大程度改變了香港文化的面貌。我的經驗雖然只涵蓋其中一部分，但我相信仍值得寫下來，成為城市的記憶。

從「文化沙漠」到「國際文化都會」，香港曾經被冠以不同的標籤。每個標籤的出現，都有它獨特的時代和社會背景。城市文化是如此複雜，不同的元素互相碰撞，不停地變化，亦被不同的環境左右。我期待讀者能在這本書裡，能夠既微觀又宏觀地，看看香港所走過的這條文化城市之路。

■ 油麻地果欄工人的午睡時間（1995）
《西九龍填海區攝影系列 1994-2018》／謝至德攝

年份	36	57	62	77	79	80	81	82	83	84	86	87	88	89	9
場地			香港大會堂	香港藝術中心		荃灣大會堂 伊利沙伯體育館			香港體育館 藝穗會 高山劇場	香港演藝學院		沙田大會堂 牛池灣文娛中心 屯門大會堂	上環文娛中心	香港文化中心	西灣 文娛 中心
主要藝團		香港管弦樂團		香港話劇團 香港中樂團	香港芭蕾舞團 城市當代舞蹈團 中英劇團		香港舞蹈團	進念·二十面體							香港 小交 樂團
政策機構	市政局							香港演藝發展局			區域市政局				

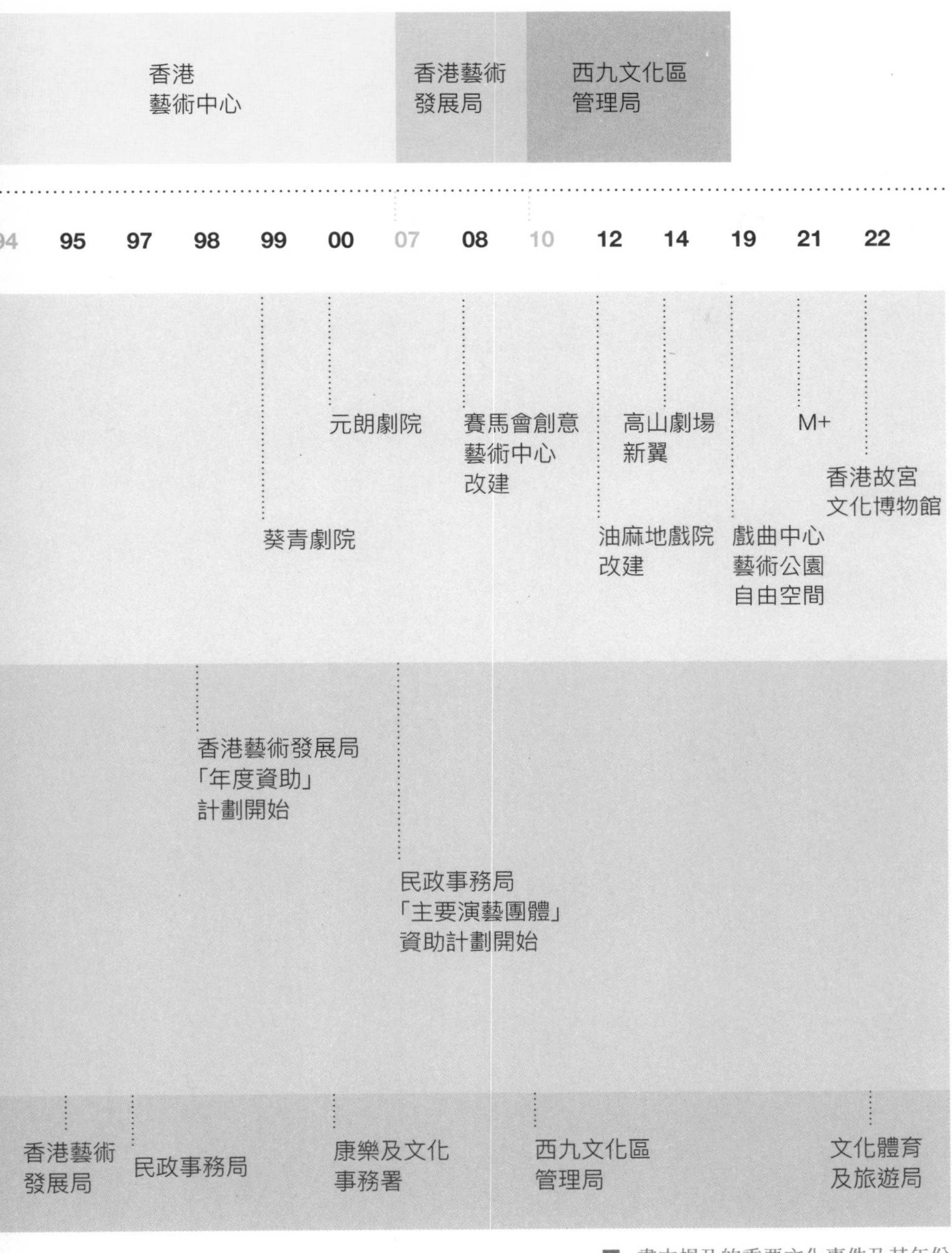
香港
藝術中心
香港藝術
發展局
西九文化區
管理局
94
95
97
98
99
00
07
08
10
12
14
19
21
22
元朗劇院
賽馬會創意
藝術中心
改建
高山劇場
新翼
M+
香港故宮
文化博物館
葵青劇院
油麻地戲院
改建
戲曲中心
藝術公園
自由空間
香港藝術發展局
「年度資助」
計劃開始
民政事務局
「主要演藝團體」
資助計劃開始
香港藝術
發展局
民政事務局
康樂及文化
事務署
西九文化區
管理局
文化體育
及旅遊局

■ 書中提及的重要文化事件及其年份

PA development milestones

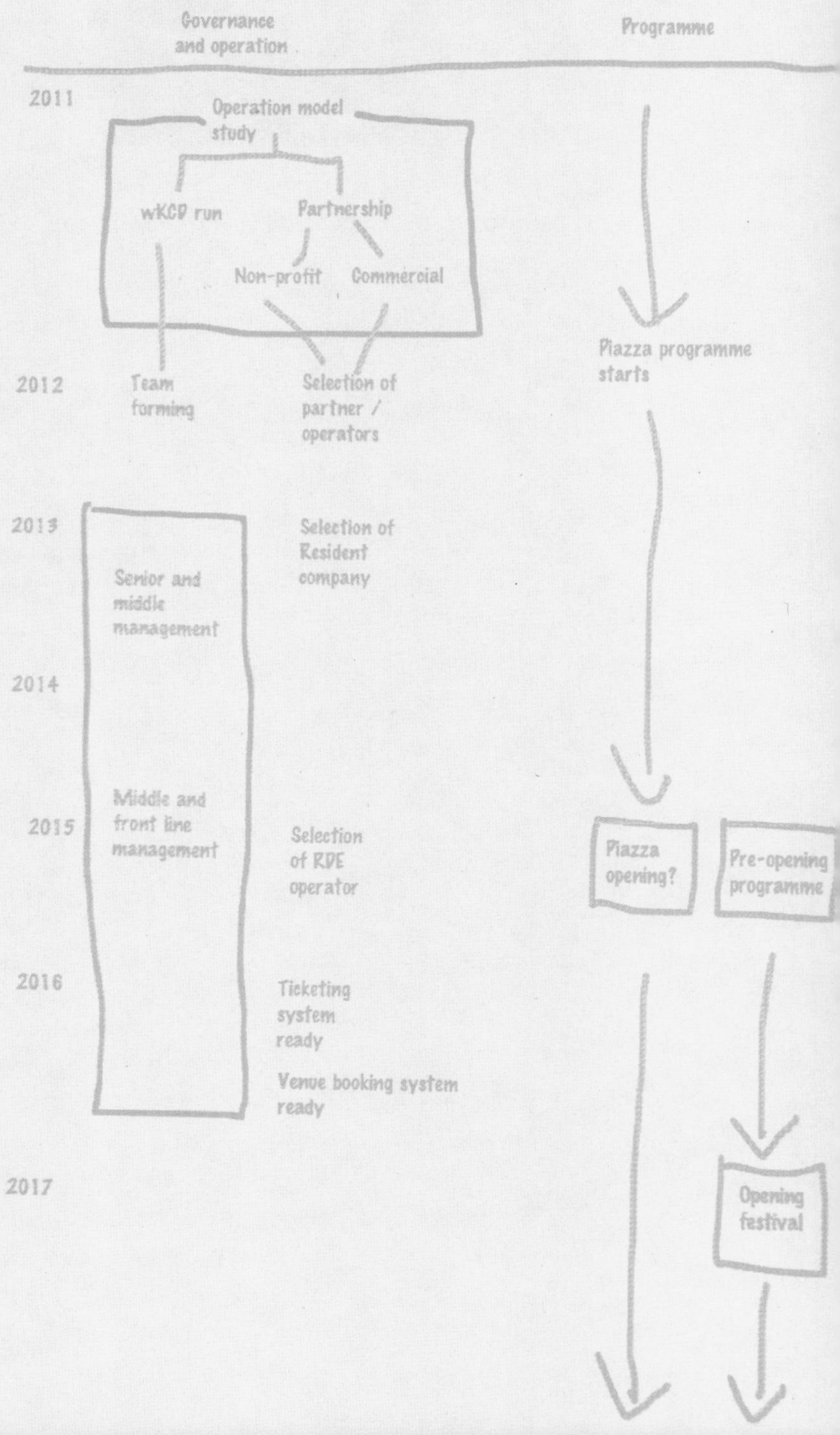

	Governance and operation		Programme	
2011	Operation model study: wKCD run / Partnership (Non-profit / Commercial)			
2012	Team forming	Selection of partner / operators	Piazza programme starts	
2013	Senior and middle management	Selection of Resident company		
2014				
2015	Middle and front line management	Selection of RDE operator	Piazza opening?	Pre-opening programme
2016		Ticketing system ready Venue booking system ready		
2017				Opening festival

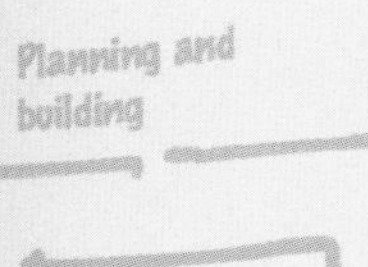

香港藝術中心 1994-2007

奇花異草——藝術中心的例外

每個城市都有這樣的藝術中心，它們擁有以下特色：一，規模不大，屬中小型，有些偏重展覽，有些偏重劇場，有些偏重電影，有些是麻雀雖小但五臟俱全，而且內裡總有餐廳和小書店。二，它們由民間營運，與社區及本土藝術家混得很熟，資金常常不夠，但氣氛輕鬆，很有親切感。城市裡人口眾多，市民有文化藝術的需求，因而衍生出這些由民間營運的小型文化藝術中心，有些由舊建築改建，有些是特別設計的，它們分散在各社區，形成藝術文化網絡，滋養城市人的藝術需要。

香港藝術中心正是這樣的一個中心。

藝術中心大樓於 1977 年 10 月 14 日正式開幕，直到 2023 年，已是四十六周年了。香港藝術中心四十六歲這回事，究竟對誰有意義？

要回答這條問題，首先要了解藝術中心成立的歷史。

■ 香港藝術中心門外空間（2006）

上世紀六十年代後期，香港只有中環的香港大會堂這一個現代藝術場地。其時，政治動盪剛過去，經濟開始蓬勃，藝術活動增多，場地嚴重不足，藝術團體都抱怨難以租用大會堂的劇院和展覽廳。有些人開始醞釀向政府申請土地去興建一座藝術中心的念頭，他們都是來自不同藝文團體的藝術愛好者，由白懿禮（S.F. Bailey，他當時是大學教育資助委員會的秘書長）牽頭。他們的構思是只需要政府提供土地，由他們負責向社會各界募捐建築費，興建一所綜合藝術中心。在他們的構思中，這所藝術中心將是財政獨立的，並不需要政府資助，主要收入來自辦公室樓層的租金、捐款和票房收入。

就算是今天，這也是一個匪夷所思的構思，但由於當時得到不少藝術團體支持，而場地又的確不足，經歷了數年游說，政府終於答應把灣仔告士打道外新填海區域的一塊小土地交給他們。這塊地小得不能再小——只有一百呎乘一百呎，能建出甚麼東西？這工作交由當時三十幾歲，剛從美國回港的建築師兼藝術家何弢負責。結果，他不單用盡了這塊土地的可建面積，設計出一座十六層高的垂直式藝術中心，當中包含了展覽廳、劇院、演奏廳、實驗劇場、課室和圖書館，這建築同時亦是一件前衛藝術品。它那三角形的主題在大樓的不同角落呈現，鮮黃色的冷氣喉管外露，掛在中庭，成為串聯起不同設施的裝置藝術。這大樓曾獲得過本地和海外的獎項，時至今日，已被視為七十年代香港最重要的建築之一。

籌款興建的過程並不容易，白懿禮和他的朋友們想盡方法，四出尋求捐助，能夠做的都一一想到了，如設施冠名、終身會員會籍、售賣債券等等……大樓一邊興建，一邊仍在籌款，二千八百萬的建築費最終只籌得一半，中途幾乎要停工。最後，幸得港督麥理浩協助，由政府出面擔保向銀行借貸，藝術中心才得以落成。首任主席是香港中文大學創校校長李卓敏，副主席是娛樂大亨邵逸夫，首任總經理是從英國聘請的鄧禮勤（Neil Duncan），中心於 1977 年 10 月 14 日由港督主禮開幕。

當時的開幕藝術節包括新馬師曾演出的《風流天子》和《胡不歸》、傅聰的鋼琴獨奏、印度的皮影戲、潮劇和潮州木偶劇、林敏怡的實驗音樂、黎海寧的現代舞、唐書璇的電影《董夫人》、第一映室策劃的藝術電影、大學實驗劇團演三島由紀夫的《班女》和白先勇的《遊園驚夢》、致群劇社的話劇、香港視覺藝術協會舉辦的研討會「香港藝術家面臨之困難」……開幕展覽亦展出了來自世界各地的藝術品以及超過七十位本地藝術家的作品等，未能盡錄。

這是 1977 年，香港人口突破四百五十萬，廉政公署成立，「九七」仍很遙遠，香港正邁向她歷史上最繁榮富裕的年代。不少年輕藝術家從外國唸書後回流，希望把風起雲湧的當代思潮帶回來，懷著對社會和藝術的理想，把香港變成中西文化互相撞擊的實驗場。而藝術中心——這所從一開始便由民間主導，從一開始便華洋混雜，亦從一開始便欠下一大筆債務的地方，成了這場實驗的出發點。

時至今天，很多人仍叫錯藝術中心做 Art Centre，對藝術中心而言，Art 應是眾數的 Arts，代表藝術類別的多元化。一開始，藝術中心便清楚要把劇場、展覽、電影、教育和辦公設施放在一起，並且各部門不分主次，同等重要。以一個中型的藝術中心來說，這無疑構成了不少管理和方向上的困難。一般的文化中心均是以表演藝術為主，展覽設施為副；美術館則以展覽為主，縱有表演節目，亦甚少會獨立運作。

我認為藝術中心演藝並重的構思與英國七十年代興起的藝術中心運動有關。當時，英國政府的意向是把一些舊建築改造成小型藝術中心，這些中心設有劇場、畫廊和排練室等，強調服務社區、種族共融和當代藝術實驗。我曾到訪過這些地方，例如倫敦的 Institute of Contemporary Arts、Battersea Arts Centre、卡迪夫的 Chapter Arts Centre、格拉斯哥的 Centre for Contemporary Arts 等，發現他們都和藝術中心很相似：有各自獨立的表演、展覽、電影和教育活動，同樣面對各部門間統籌以及形象不一的問題。

創辦人之一白懿禮在藝術中心的開幕特刊中，將藝術中心和世界各地的藝術中心對比，並把它的獨特性總結為五點：

外觀依然前衛的香港藝術中心（2023）

1. 垂直式設計
2. 建築費並非由政府津貼
3. 營運費自負盈虧
4. 能容納各種藝術
5. 包含東西方藝術

除了第五點並非唯一，其餘四點，至今仍令藝術中心獨一無二。而「垂直式設計」、「自負盈虧」以及「能容納各種藝術」這三點，則影響著藝術中心過去四十多年的面貌。

我自 1994 至 2007 年在這裡工作，發現藝術中心另有一個特色：由於它容納了各種創作、展示和營運藝術的基本設施，它能夠靈活地開展一些新項目，又因為它沒有政府資助，長期維持半餓不飽的狀態，它必須常常和別的機構合作才能生存，所以它會對社會轉變較為敏感，對新事物抱持比較開放多元的態度。

當然，其壞處是藝術中心常常變：經濟變它變，政治變它亦變，它的競爭對手是政府或商業機構所辦的文化活動，這兩個對手變，藝術中心也要變。很多藝術中心曾經主導過的新項目，例如兒童藝術節和外國的藝術電影，發展到後來都因為競爭太大而淡化了。曾與藝術中心密切合作過的新進藝術家，當需要更大的發展空間，便會離它而去。每次樓市大崩潰，藝術中心都要改變方向。所以，細看藝術中心的歷史，會看到香港藝術發展的一個重要側影，從中可看到社會的變遷。

2006 年，我在藝術中心任總幹事，藉著藝術中心三十周年，收集了一些關於藝術中心的歷史資料，相約了一些朋友做訪問。我很有興趣知道，藝術中心當時是怎樣的地方？香港當時的文化藝術環境又是怎個模樣？香港社會當時經歷著些甚麼？

我從這些訪談裡了解到，藝術中心一開始便擁有很多不同面貌，例如它既非由政府管理，卻又有著高級的形象，讓人誤以為它是一個英國人和高級知識分子的俱樂部。1978年，當年的革命青年兼無政府主義者莫昭如拍了一齣短片《給香港的文藝青年》，片中他帶觀眾前往大會堂欣賞 Henry Moore 的展覽，談論高雅文化與資本主義狼狽為奸，亦去了當年文藝青年愛去的海運大廈的巴西咖啡室，諷刺那些知識分子的裝模作樣。他借廣播道點出文藝青年投身電視台，也去了剛成立的藝術中心拍攝。片中的藝術中心周圍仍是荒地一片，那天藝術中心關門，莫昭如未能進內拍攝，他在門外揶揄當時的文藝青年尤其喜歡成為藝術中心會員，在十五樓的會員俱樂部談文論藝。莫昭如其實當年也是藝術中心會員，至今仍記得會員俱樂部的 Scotch Egg（蘇格蘭蛋）。

除了英國人和革命青年，藝術中心也引發了年輕人的想像，成為普羅大眾心目中新潮藝術的代表。1980 年上映的電影《喝采》，其中一段是陳百強與翁靜晶在藝術中心邂逅，他首先在十五樓的圖書館碰到她，跟蹤她從旋轉樓梯下樓，追出門口，目送她上的士。

藝術中心當時成為了很多人發表新思維之地，梁款和呂大樂仍深深記得 1979 年《號外》和《文化新潮》在藝術中心舉行了第一屆「普及文化研討會」，認為這是研究香港文化的開端。莫昭如亦很記得這次的研討會，他和《70 年代雙週刊》朋友在門外表演街頭劇，打爛了一部電視機，在門外寫紅字——「流行文化已死」。

「蛙王」郭孟浩對於開幕展覽裡被放在露台上直至發臭的雞蛋津津樂道；榮念曾記得在這裡展出他的實驗漫畫；曹誠淵剛從美國回來時於藝術中心碰見黎海寧；高志森替香港電影文化中心籌備中國電影回顧展；林奕華在這裡碰上榮念曾；蔡仞姿記得那時各畫派的競爭；鮑藹倫在這裡目睹香港錄像藝術的誕生……

這就是開幕頭幾年藝術中心的面貌，七十年代末至八十年代初的香港藝術圈，我愈來愈發現，那年代本身已夠精彩，而藝術中心的開放性，更造就了那年代藝術的多元化。

這樣的一個由民間主導的藝術中心，僅靠出租收入維持了四十多年。這麼多年來，它從來不是香港最大的場地，也不是資金最充裕的，甚至屢次發生財政危機，但於每個年代，它都隨著時代轉型，再次找到自己的獨特價值。它曾經舉辦過一些石破天驚、獨特而引領風潮的節目，例如八十年代的兒童藝術節、中國電影節、中英劇團、進念．二十面體和城市當代舞蹈團的演出，還有九十年代的《香港六十年代》展覽、ifva 獨立短片及影像媒體比賽、藝術在醫院、九七後的「小亞細亞戲劇．舞蹈交流網絡」（小亞細亞）、2000 年成立的香港藝術學院、PIP 快樂共和以及多項動畫漫畫項目等。

藝術中心是香港這城市自發從民間生出來的產物，以應付七十年代逐漸富裕的社會對文化的需求。四十六年來，它與社會以及藝術界緊密相連，仍能保持活力，推陳出新，而且更是自負盈虧，不靠公帑而生存。為甚麼這種營運藝術場地的模式，在 1977 年藝術中心成立之後，就沒再繼續發展？香港為甚麼沒有第二棟藝術中心？這是我在藝術中心工作十三年一直無解的問題。

政策倡議——戲劇關注 政策小組

如果說藝術場館是城市裡生產藝術文化的基本單位，這些場館是怎樣運作的？藝術中心作為民營場館，比起政府經營的場館，更加受到城市裡各種因素影響。香港的地理環境、與世界的關係、經濟環境、社會政治以及科技環境，都會直接影響藝術場館的運作，影響到它所生產的藝術文化。

我在藝術中心的工作可分為兩個階段。1994 至 1999 年，我負責表演藝術的節目策劃和運作，2000 年我升任節目總監，2001 年升任總幹事，成為總負責人，直到 2007 年離開，合共工作了十三年。

在第一個階段那六年，我學習到如何在資源緊絀的情況下策劃有意思的節目。當時藝術中心依靠寫字樓租金、大樓天台的廣告牌和場地租金去維持營運。節目預算很少，基本上是需要找到贊助才能做節目，連使用自己本身的場地，也有限制，以便騰出空檔出租。幸好藝術中心位置優越，和中環的香港大會堂、灣仔的香港演藝學院及香港會議展覽中心，構成港島區的藝術文化核心區。1994 年我加入時，香港藝發局即將成立，香港本地藝術開始得到政府系統性的資助，藝術中心得益不少。其中，不少獲得資助的機構都選擇於藝術中心舉辦活動。而作為演藝部門負責人，我的工作是舉辦藝術中心自己策劃的節目，我們亦有申請藝發局的資助，以培育本土藝術家。

在第二個階段的七年，作為總幹事，我需要經營這一棟多功能、有著三十年歷史的大樓，領導超過一百人的團隊，分配每年數千萬的收支。基本上，各個部門的業務都要同時兼顧。這七年，香港經歷金融風暴，經濟衰退，藝術中心需要裁員重組，重訂方向，並穩固地發展，這是對我行政管理能力的大鍛煉。我將試著舉出四個例子，以說明藝術場館的營運如何和城市內外的不同環境互動，從而發展出這城市的藝術文化，它們包括：

- 政策倡議：戲劇政策關注小組
- 文化交流：「小亞細亞」
- 場館管理：機構重組
- 院團結合：PIP 快樂共和

政策倡議：戲劇政策關注小組

1994 年我加入藝術中心擔任演藝節目總監，碰上藝發局於 1995 年成立，藝術界對新的資助政策有很多討論。我上任不久，就在一個名為「短劇戲流」的戲劇節裡舉辦了一場論壇，討論中小型劇團的發展前景。那論壇氣氛熱烈，大家都感到有需要凝聚戲劇界年輕一代的聲音，並向藝術發展局反

城市專題

戲劇政策關注

由一群熱心戲劇工作者倡議的「戲劇政策關注小組」在十一月（[illegible]日）正式成立，究竟這個小組成立的目的何在？[illegible]現在有機會讓大家多了解[illegible]，[illegible]「城市專題」[illegible]訪問了這個小組的召集人茹國烈

嘉賓：茹國烈（藝術中心演藝部經理、小組召集人）

編導、主持：張建浩

攝錄：劉紹文

就五年計劃提供意見

主：茹國烈，你們這個戲劇政策關注小組成立的背景是怎樣的？

茹：藝術中心在今年[illegible]月辦了一個「戲劇短[illegible]」的節目，共有八個戲劇團體參與，這些劇團除了演出之外，還舉行了三次座談會，名為「[illegible]」，主要是戲劇工作者討論目前面對的問題。經過這三次座談會之後，大家覺得有許多問題須要跟進，因此就成立一個組織，希望能夠解決這些問題；這就是成立戲劇政策關注小組的其中一個原因。

還有另一個原因，是我們獲悉藝術發展局正在[illegible]一個五年計劃，並會在明年年中敲定；所謂五年計劃，就是藝術發展局在這五年內如何發展藝術，例如每年須資助藝術界多少款項，藝術界怎樣應用這些資助及朝什麼方向發展等等，而我們剛好有不少意見，為了趕及跟該[illegible]，提出我們的意見，[illegible]五年計劃的[illegible]可以有戲劇界參與，[illegible]就催生了這個政策關注小組的成立。

主：小組會做些什麼工作呢？

茹：小組只成立了一個月，但已經舉行過四次小組討論，這些討論並非公開的，由小組成員邀請戲劇界團體或有關人士討論一些特定的題目，第一個是「戲劇藝術的專業化及其相應的機制」由鄧樹榮主持；第二個是「小型劇團的生存前景」，由劇場組合主持；第三個是「劇團進駐社區自設劇場的可能性」，由佚名劇團主持；第四個是「非製作團體對劇場的功用，兼論創作劇的保存」，由張達明主持。上述幾位主持人都是談他們[illegible]身的問題，在分享自己的經驗之餘，也跟所有參與者一起研究問題何在，可以朝什麼方向解決，或探討在目前的實際情況下可以做些什麼。雖然每次參與討論的人數不多，最多約十人，有時少至四、五人，但討論所得都很有用。

最令人告慰的是，小組由籌備至成立都得到藝術發展局的關注，邀請小組將討論結果交給他們，而我們一直以來亦和該局保持溝通。

向有關當局提交報告

主：你們在一個月內已經辦過四次座談會，可謂相當頻密，你們是否會陸續舉辦這些小組討論？事後又有什麼進一步的行動？

茹：其實我們仍在摸索怎樣討論才最正確，本來要發牢騷最容易，因為大家對目前的工作環境都有所不滿，但我們會盡量避免這些小組討論演變為另一種牢騷會，這樣沒有建設性。小組會將討論過的事項紀錄，讓其他沒有參與討論的成員參閱，並做跟進工作，然後呈交報告給有關當局。

我們正籌劃在十二月和明年一月共舉行五次小組討論，論題包括：「業餘劇團的生存環境」、「香港戲劇評論的情況」、「如何做香港戲劇史的搜集工作」等。這些小組討論會不斷做下去，因為我們發覺很有用。

目前小組只得十[illegible]名成員，代表性是一個很大的問題，但經過一連串的討論之後，大概會

茹國烈（左）及張建浩

知道問題的範圍，這樣便可以做一項有[illegible]表性的問卷調查，而調查所得能夠告訴戲劇界有關當局，其實有多少人認為那[illegible]應該怎樣解決；我認為這是很需要的。

主：做了民意調查之後又如何呢？

成立基金及設資料[illegible]

茹：我們會將小組多次討論的紀錄、[illegible]意調查所得的一些資料和數據，編寫成[illegible]告，呈交藝術發展局、市政局和區域市[illegible]目的在告訴這三個資助團體，我們希望[illegible]

映。因此，大夥立即成立了「戲劇政策關注小組」，推動政策的討論，而我便順理成章地成為了小組召集人，由藝術中心提供行政支援。時勢使然，我剛加入藝術中心，便投入了當時藝術界最核心的討論，參與了對未來的想像。

戲劇政策關注小組的成員包括我、丁羽、陳炳釗、鄧樹

小組正式成立

麼方向發展

過去四次小組討論，你們發掘出什麼問題或現象呢？

我即時想到的是商業贊助，這個問題其談論了很久，而間中也有劇團會得到某資助，但我們覺得仍然不足夠。藝術發以前的演藝發展局，都將尋求商業贊助任交回劇團本身，他們有所謂「同額資即劇團自己得到多少商業贊助，他們亦同數額的資助。我們認爲這種贊助方式過。通常商業機構都不大願意贊助劇團他們不是在劇團的宣傳，而且贊助劇團大都不會獲得政府免稅。在這種情況下，商業贊助許多是基於人事關係而得到的，只有極小商業機構樂於贊助。

結果，我們討論出一個構思，就是成立由戲劇界、政府和商界共同管理的基金。這個基金好像公益金一樣，贊助者都可以獲得免稅，並且會由基金管理委員會頒贈獎狀或以其他方法鳴謝，以資鼓勵。基金是由商界和政府分別注資，戲劇團體則負責協助管理和策劃基金的運作。這個基金應有藝術發展局的參與，因爲某些商業機構可能覺得贊助一項有政府參與的藝術基金，總好過直接資助一個藝團。由於有這個問題存在，戲劇界很明顯需要一個有政府參與的基金。如果這個基金能得到更多商業贊助，其實可以減輕政府的負擔；我覺得商業贊助的方向可以這樣走。

我們談到的另一個問題是關於本土創作劇劇本及有關資料的保存。目前，藝術資料及資訊中心獲藝術發展局撥款做這方面的工作，但這個中心未能滿足我們的需要，因爲它所負責的範疇太大了，包括視覺藝術、電影藝術、錄像藝術、表演藝術等等。所謂「隔行如隔山」，如果不是那行的專業，卻要爲那行業成立資料庫或做資料搜集的工夫，這是非常困難的。事實上，該中心的規模不大，要做的工作卻太多，結果什麼都不討好。因此，我們認爲戲劇界應該自己成立一個資料庫，收集香港戲劇界的最新資料；至於資源和地方，可以向政府申請。

主：其實戲劇界能否跟藝術資料及資源中心合作呢？比方由戲劇界負責搜集整理資料的工作，中心則提供資源和地方。

茹：這是可行的方向，不過我們還沒有直接跟該中心聯絡。上次小組只是初步討論這個問題，發覺可以有這個方向。我們正籌劃在下次談論的時候，可以跟有關人士洽商。但最大的問題是倘若又有其他界別要求該中心做類似的工作，他們是否應付得來呢？我覺得某程度的分工是必要的，例如藝術資料及資源中心負責中央統籌工作，而每個界別則自發地做本身資料搜集工作，這樣會事半功倍。

廣徵戲劇工作者意見

主：你們這個關注小組的十一個核心成員都是自願參與或協商出任，小組討論則是邀請的，而接着下來的計劃，同樣沒有公衆參與，這樣會否給人一個封閉的形象呢？

茹：我們最初的幾次「戲劇龍門陣」有公衆參與，但發覺討論的範圍非常廣泛，未能很有計劃地做一連串小組討論。我們要做八次甚至十多次小組討論，如果每次都採用公開的形式來做，可能進度就沒有那麼快，看到的問題也沒有那麼多，於是我們決定自己先談。其實，目前小組的十二位成員都頗能代表積極參與戲劇工作的年青一輩。

我們每次討論之後，都會將討論事項紀錄，然後交與藝術發展局及有關當局；此外，我們亦會以某種形式來發表這些紀錄，目前正與《劇仔劇訊》洽談刊登事宜。接着，我們計劃做一次民意調查，但對象並非一般觀衆，而是所有戲劇工作者，包括業餘的在內，目的在查詢他們的意見。到有了調查結果，應該是時候做一些公衆論壇，這樣可以較容易控制，因爲我們只得半年時間做報告。

積極跟贊助機構交流

主：你剛才提到，會積極跟幾個資助戲劇界的大機構對話交流，目前這方面的發展如何？

茹：我們已經聯同其他戲劇團體的代表會晤過市政局的文化小組，共同討論一些問題，並會跟進，亦即將會晤藝術發展局的戲劇及傳統藝術委員會；此外，也希望在短期之內可以會晤區域市政局的有關組織。

主：這些資助機構重視你們這個小組嗎？

茹：藝術發展局的反應非積極進取，而兩個市政局正開始接觸，我們期望跟上述幾個機構作定期的會晤，大家有更多的溝通。

主：雖然戲劇政策關注小組的成員人數不多，但未來的工作和方向非常明確，我寄望這個小組能夠成爲其他界別的典範，令香港文化藝術朝更積極正確的方向發展。

播出時間：星期日晚九時三十分香港電台第二台《新文化時代》節目內播出；次星期日下午五時第五台重播

■ 香港電台訪問戲劇政策關注小組剪報

榮、詹瑞文、張達明、胡恩威、丁家湘、蔡錫昌、古天農和高靜衷。這組合並不是精心挑選的，而是從論壇的參與者延伸而成，既有一些劇壇前輩，亦有不少新生代，有自演藝學院畢業的人，也有從外國留學回來的戲劇人。

一開始，關注小組已不打算追求成員的代表性，亦同意它並不是一個常設團體，目標只想引發更多人關心藝術政策，向藝發局提交建議，兩年後會自動解散。可能也是基於這樣的出發點，小組效率很高，於數個月內便成立了註冊社團，並得到藝發局資助，舉辦了數場論壇。成員各自研究外國的政策資料，經過內部討論、整理，於論壇發表，引發討論。藝發局正好在編寫五年計劃，其計劃委員會的主席是演藝學院盧景文校長，他邀請我們的小組提交意見。我們寫了一份意見書給他，結果，我們提出的很多意見，竟然成為了藝發局五年計劃的內容。

當時的藝術資助環境是這樣的：政府長期資助兩個職業劇團——香港話劇團和中英劇團，亦開始扶植赫墾坊劇團，但其他很多新進的小型劇團並沒法得到政策支援，只能按演出逐次申請資助。我們建議的核心內容是：藝發局應正視小型專業劇團的出現，建議為它們設計資助計劃，讓中小型劇團能夠專業地發展，建立第二梯隊。

一如成立時的目標，關注小組只運作了不足兩年，至今仍能記起的人已經不多，但它在關鍵時刻做了適當的事——推動了戲劇政策的轉變。此後的十多二十年，新的小型戲劇團體在香港陸續出現，在千禧年前後形成百花齊放的局面。到了 2007 年，藝發局已經以一年資助計劃資助十數個小型劇團，這概念也延伸到舞蹈和音樂界別。戲劇政策關注小組是我第一次參與藝術政策的討論，亦奠定了藝術中心的立場，在藝術界建立了一個支持新一代、進取和敢言的形象。由此，我看到一個民間發起的論壇，如何由數個人開始，經過醞釀和討論，改變了政策方向，再對文化局面產生深遠影響的過程，這是一次配合天時地利人和的蝴蝶效應。

文化交流——小亞細亞

「小亞細亞戲劇 · 舞蹈交流網絡」是兩個由藝術中心發起，活躍於亞洲的藝術交流網絡。戲劇網絡發生於 1997 至 2002 年，舞蹈網絡則是 1999 到 2005 年。

一直以來，香港是國際上一個相當活躍的文化交流中心。1997 年前後，香港因為回歸而受到國際注目，文化交流活動大增。藝術中心雖然資源不多，但在展覽和電影方面，一直扮演著引入外地和內地節目的角色。1994 年，我加入藝術中心，希望在表演藝術方面抓住這個國際交流的黃金時代，「小亞細亞」是我交出來的功課。

小亞細亞的戲劇網絡於 1997 年發起，最初由三個城市開始：香港（藝術中心）、台北（皇冠小劇場）、東京（小愛麗絲劇場），其後上海戲劇學院、北京青年藝術劇院和釜山大學陸續加入，參與的演出除了來自這些城市，也有來自深圳、大阪、名古屋、京都、悉尼和新加坡的作品。這是一個以場地為單位的網絡，我們在亞洲尋找不同城市的劇場單位作為夥伴，他們抱有同樣的信念：

- 雙邊交流：相信文化交流的本質是加深彼此的了解而非購買節目，所以每個場地需要每年向其他成員推薦及介紹要輸出的節目，同時又需選擇想要邀請的節目。在討論過程中，大家更加認識彼此。
- 小就是美：相信小劇場演出因為較為輕便，更能於不同城市巡迴，增進交流。小劇場亦較具實驗性，能看到該城市的創意和將來的領軍人物。
- 長期合作：相信文化交流是一個細水長流的過程，需要長期而且定點去做，所以這網絡在每個城市找來一個場地作為夥伴，長期合作。

在這三點信念下，我們訂下交流指引，目的是以清晰明瞭的方法，說明其運作模式。這些都是行政規範，大家同意遵守的話，網絡就可以順暢地長期進行。

小亞細亞戲劇網絡交流指引：

- 不設藝術總監，各城市每年互相推薦節目，自由選擇
- 每年七月至九月演出，方便串連巡迴演出
- 演出的基本巡演人員為八人
- 統一的演出費
- 於每個城市逗留一星期
- 每個城市最多舉行四場演出以及一場教育活動
- 當地食宿、交通、場地、宣傳均由邀請方負責
- 國際和城際交通費用由演出方負責

■ 名古屋少年王者館《劇終》（1998）／張志偉攝

憑著這些信念和共識，以及一班好夥伴，小亞細亞快速增長。從 1997 到 2002 年這六年之內，成員由三個增加到六個城市，參與劇團共二十五個，來自十一個亞洲城市，合共有二百多場演出。

1999 年，我又與台灣舞蹈空間舞團的創辦人平珩、日本及澳洲的夥伴以另一種形式發起小亞細亞舞蹈網絡，它由四個城市組成：香港、台北、東京和墨爾本。每年每個城市推薦一套二十分鐘的獨舞短篇，四段獨舞串連起來，便成為一個約九十分鐘節目，這節目在四個星期內巡迴四個城市演出。

這模式最有趣的是，四個互不認識的舞者需要一起生活和演出四個星期，過程中某些舞者成為好友，也衍生出許多合作交流的可能性。某一年，四個舞者自發把四支舞串連起來，某一年，四個人合作編了第五支舞，更有一年，我們把四位舞者提早一個星期聚在一起，四個人合作編出了一套新舞。

這實在是一個很好玩的交流模式，也很受歡迎。2001 年，漢城加入成為第五個城市，該年我們有五位舞者，巡迴了六個城市（墨爾本、台北、香港、東京、大阪和漢城）。小亞細亞舞蹈網絡的限制是不能無限擴大，五個星期巡迴六個城市已經是極限，再擴大就變得太複雜，巡迴太長也令人疲累，它只能是「小就是美」。

既然這兩個交流模式這麼成功，為甚麼小亞細亞戲劇網絡和舞蹈網絡卻在運作六年之後，分別於 2002 和 2005 年後完結？

首先是資助疲勞，這兩個網絡能夠維持，需要各成員在本身的城市尋找資金。大部分城市的資助機構都是僧多粥少，傾向支持一些新項目，連續資助五、六年後，已有些城市找不到資助；第二是人才疲勞，有些城市在五、六年之後暫緩計劃，因為已找不到適合的戲劇節目和舞者作推薦。香港和台北是兩個網絡的核心推手，於 2003 和 2004 年曾經嘗試一個新構思，那就是「小亞細亞創作者會議」，希望能夠聚集不同城市、不同界別的創作人，集中地在一段特定時間裡進行工作坊，期望能催生一個亞洲合作的新作品，但不算成功，在漢城做了一次試演後就沒有繼續了。

現在回想，小亞細亞這概念沒有走得更長更遠，實在可惜。八年來的努力經營，累積了不少經驗和人脈網絡，實際推展了不少高質素的藝術交流，是一個很好的品牌。我有時回想，如果有穩定持續的資金，或得到更多官方的參與，小亞細亞有機會變成一個常設的亞洲藝術交流平台。但是，當年小亞細亞的本質完全是民間操作，由各城市共同分享資源，如果變成由政府主導，或者轉由單一城市成為主導者，整個精神就會很不一樣了，也會有完全不同的面貌。

我從這八年小亞細亞的經驗獲益良多。首先，我學到了小場地無論資源多少，只要善用，都可以做出好節目來；而無論節目大小，只要每年堅持去做，也能夠帶出影響力。它亦令我了解到「城市」在國際文化交流合作的方法和力量。比較起以國家為單位，城市和城市間的交流往往是比較靈活和務實的，沒有很多政治考慮。而且城市文化是非常具體的，每個城市都想發展自己的文化，與其他城市面對很多共同問題，可以互相比較類似的經驗。城市如何文化？這是城市之間永遠說不完的話題。

重組
重生——
裁員　和　成立
藝術學院

城市文化的發展是有機的、多元的，這也是民營文化場館在城市文化發展中扮演的角色該有的個性。作為民營藝術場館，藝術中心的特色，正是需要時常變陣去回應社會轉變。此話說來容易，但改變的過程往往非常困難和痛苦，往往要在許多年後，才能看到轉變帶來的價值。

2002 年，當文化界熱烈地討論西九文化區那個巨形天幕時，藝術中心卻因為財政困難而需要重組架構，並裁員百分之二十五。當時，我是總幹事，升上這位置只有僅僅一年，以接替因為要去英國發展而匆匆離去的曾歷豪（Nicholas James）。

藝術中心的總幹事就是 CEO，我雖然在藝術中心工作了七年，但一直都在節目部工作，對於如何管理這一棟十六層高的大樓，這個百多人機構中的行政、財務、人事和樓宇管理，我完全沒有經驗。整個藝術中心的藝術方向，其實由節目部主持，總幹事的工作是要確保中心運作暢順，有足夠資源去維持其藝術方向，總幹事也需要維持中心裡的管理層與政府、監督團及與社會各界各階層的關係。

2001 年上任之後，我才意會到原來在財務方面，藝術中心正遭遇前所未有的困難。1997 年的亞洲金融風暴重創了香港經濟，從那年開始，樓市和租金一直下跌。藝術中心一年的收支大約是六、七千萬，主要來源是寫字樓租金，而因為大部分租約都是簽三年合約，這衝擊直至 2001 年左右達到高峯。很多租戶不再續租或者要求大幅度減租，這是一個重大危機，而當時根本看不到盡頭，藝術中心面臨成立以來最大的難關。

作為總幹事，雖然沒有經驗，但我仍要負責帶領這機構渡過這一關。前方有兩條路：一是架構和方向不變，所有人減薪，各部門劃一減少預算，以便捱過這段時期。這做法的好處是公平，壞處是那些有能力找到其他工作的員工會很快流失，一些原本財政健全的項目，也會被迫縮小規模。而當社會經濟轉好時，機構的復甦也會來得緩慢，因為資源會先花在回復人手規模和薪金調整之上。

第二條路，也是我們最後選擇了的——大刀闊斧地改革轉型，裁員四分之一，調整長期員工和合約員工的比例，令機構變得精簡些，更能抵擋將來的經濟挑戰。同時，我們認為這是為藝術中心尋找一條新路的機會。

藝術中心向來都有教育部門，主要開辦短期課程，而且頗受歡迎。從 1998 年起，課程部大膽突破，與澳洲墨爾本皇家理工大學合作舉辦藝術學位課程，三年制的課程全在藝術中心進行。此前，香港只有香港中文大學藝術系開辦藝術學位課程，藝術中心的新課程給予那些大學未能吸納的年輕人以及很多在職人士一條學習藝術的出路，由於收生反應很好，令我們想繼續拓展教育活動。當香港經濟不景而導致藝術中心租金收入減低，我們正好利用租不出去的寫字樓空間擴大教育部門，增加不同課程，成立一間香港藝術學院。至於展覽、表演和電影三個節目部門，則需精簡人手，融合成一個部門。經過這一加一減，藝術中心的核心從此變成以節目部和藝術學院為主，兩條腿走路。

由一所藝術中心去開辦藝術學院的例子並不常見，但在當時的香港，亦非毫無道理。香港社會富裕，人口眾多，有不少人想認真地學習藝術，但藝術教育課程不足，香港藝術學院正好填補了這需要。

這是一條有想法的路，但也是一條痛苦的路，因為當中牽涉了選擇，如應為哪一個部門增加資源？哪一個減少呢？要選擇請哪一位同事離開或留下來，是很痛苦的事。當時時間緊迫，如果再拖延兩年，儲備將會耗盡，到時整個藝術中心就要停止運作。我反覆考慮了數月，向四方尋找過救援不果，最後做了這些選擇。

裁員和重組過後，中心終於避過了倒閉的危機，但仍然捱了兩年緊日子。到 2004 年沙士疫情過去之後，經濟才開始復甦，租金慢慢回升，新架構發揮了作用，藝術中心的財務狀況回復得很快。

香港藝術學院則一直存在，至今已經超過二十三年，每年平均有近一百人畢業，許多畢業生積極投入藝術界，參與創作、推廣、行政、教育等範疇，有的開設畫廊、畫室、工作坊等等，甚至回校任教和工作，成為香港視覺藝術界一股重要的力量。藝術學院有一特色，那就是學員中有不少在職人士，並且已經在不同領域累積了一些社會網絡或專業成就，他們畢業後以不同的方法參與藝術，也很願意回饋學院。隨著香港近年逐漸成為亞洲的藝術活動中心，藝術愈來愈受到重視，學院的工作和藝術中心節目部的工作也愈來愈多合作，互相補足。藝術學院為節目部提供觀眾和藝術家，而節目部則吸引觀眾成為學院的學生，形成一個生態循環。

二十多年後再回首，我仍然覺得痛苦，細看這次危機，據我所知，這是香港這麼多年來第一次有藝術機構裁員，雖然得到監督團（董事局）的支持，一切決定還得由我負責。若要評價，當時三十六歲的我在執行這個決定時，仍然不夠火候，人情方面處理得不好。非牟利機構和商業機構的不同之處，在於前者都是因為崇高的理想而成立，很多人加入這種機構，正是因為不希望在無情的商業機構工作，亦懷抱了對藝術的熱情。裁員的行動，當中由上而下的決定，以成本效益為決策標準的思維，與文化機構的基本文化有很大衝突。縱然在種種急迫的原因之下，有裁員的理由，但執行的方法仍需兼顧人情。人情處理得不好，會削弱這機構的道德力量，縱然能夠生存下來，要恢復名聲，可能需要花更長的時間。

我從沒想過要把這段經歷記下來，畢竟，這不是一次愉快或光榮的經歷，有段時間甚至令我心力交瘁。但是，這也是我作為藝術行政人員一次成長和學習的關鍵事件。自此之後，我在不同的管理崗位上，在有資源擴充時，更加懂得要小心，不要盲目擴充。在人手的招聘上，亦要平衡長期員工與合約員工的比例，萬萬不可在財政充裕時輕易增聘長期人手。另外也要知道，任何決定，無論是多麼短期，都會形成機構記憶，影響機構文化，對機構造成長期的影響。

從這件事，亦可一探藝術中心的本質：一方面它需按市場機制自負盈虧，另一方面，作為非牟利藝術機構，它本質上需要補充市場機制的不足。和香港大部分政府經營的藝術場地相比，這機制的壞處很明顯，它不穩定，但好處呢？是自由。半棟樓的租金收入，起碼能保證藝術中心有基本的營運能力，也保證了中心的獨立自主，不需依靠政府。

藝術中心成立四十多年，一直推出創新的節目，和社會緊密結合，原因不是它有穩定的財源，而是因為它在營運上實在需要和社會經濟同呼同吸，令它在藝術政策上能夠自主自由。而它的藝術自由，又來自經濟上的獨立。藝術自由和經濟獨立是兩個互相緊扣的系統，這是一個很有意思的概念。後來當我構思西九的場館時，常常記起藝術中心這十幾年的經驗。

院團　結合——
PIP
快樂共和

2004 到 2006 年，藝術中心與劇場組合進行了一項很大膽的合作計劃—— PIP 快樂共和。它的目標是嘗試一次劇團駐場計劃，結果這三年轟轟烈烈地成功了，卻有一個令人意想不到的結局。十多年前的事情現已很少人提及，但它在當時是個非常矚目的計劃，仍然值得回顧。

劇場組合於 1992 年由詹瑞文和甄詠蓓成立，二人於香港演藝學院畢業後，前往英國和法國學習形體劇場和編作劇場，兩者是當時在歐洲相當流行，以演員為主導的創作方式。他倆回到香港後便創辦了劇場組合，演出以形體為主，風格獨特，生動活潑，既演出當代經典，也演兒童劇。劇場組合那幾年的確做得很出色，演出同時兼顧藝術創新和形體喜劇元素，叫好叫座。1999 年，他們將荒誕派法國經典劇本《椅子》改編成為《兩條老柴玩遊戲》，隨後到亞洲巡迴演出，大獲好評。他們每年演出兒童劇，又舉辦兒童戲劇課程，項目愈來愈大，成為當時最活力充沛、野心勃勃的劇團，在藝術和市場上均很成功。2002 年，他們更獲藝發局的三年行政資助，成為十個得到政府長期支持的表演團體之一。

我和詹瑞文早在劇場組合第一個演出《紅日落．紅日出》時認識，當時我還為《越界》雜誌訪問了他們，對這個新銳組合感覺驚艷，幾乎每個演出我都有看。後來我們亦一起籌辦過戲劇政策關注小組，談及很多對香港戲劇的想法。2003 年，某次我們一起到北京欣賞好朋友孟京輝的新劇，第二天在酒店吃早餐後閒聊，當中提及了香港戲劇發展的瓶頸，是沒有劇團擁有自己的場地，詹瑞文說：「茹國烈，全香港只有藝術中心才有自由、資源和空間去發展駐場劇團，你做吧！我們來進駐。」

那時香港經濟仍然低迷，藝術中心靠租金收入營運，無論是寫字樓或表演場地，都有空置的情況。雖然欠缺金錢資源，空間資源倒是有的，何不趁著這機會邀請劇團進駐，於藝術中心營運並演出，成為真正的駐場劇團？而要與一個在藝術上有追求，在市場上有把握，業務又多元化的劇團合作，最理想的選擇的確是劇場組合。我和詹瑞文在北京談了半天，感覺刺激興奮，回香港再各自與團隊商量，一個月內，這想法已經成形。

這是一個為期三年的試驗計劃，這三年內，劇場組合可以優先預留壽臣劇院的檔期，每年至少一百場，平均票價不低於某價格。每售出一張門票，藝術中心收取 13% 費用。同時，劇場組合更可以優惠價錢租用藝術中心六樓全層作為辦公、排練和上課之用。這是一個民間自發，依賴市場，大膽突破的藝團駐場計劃。

我把這個計劃向藝術中心監督團提出，順利獲得批准。這是很簡單清晰的合作關係，基本上藝術中心仍然擁有業主身份，只不過基於經濟不景氣以及對駐場計劃的興趣，在租金和分賬上作出特別優惠的安排，亦由於對劇場組合的藝術水平有認知和信任，我們把藝術內容全盤交給他們決定。

在計劃名稱上，我們反而花了一些時間考慮，最後決定喚作「PIP 快樂共和」，PIP 的意思是 Pleasure Imagination Play，帶出了劇場組合的理念，「快樂共和」則形容了場地和劇團之間是一個平等雙贏的關係。

劇場組合特地為這個實驗計劃去申請藝發局的特別資助，作為額外宣傳開支。這是支強心針，而不是生命線。假如藝發局不撥出資助，我們亦會照樣進行，結果計劃得到三年撥款，第一年是三百萬，第二及第三年，分別是二百和一百萬。

PIP 快樂共和的首個演出是由潘惠森編劇，詹瑞文的獨腳戲《男人之虎》。他一個人在台上演了三十個角色，諷刺時弊，盡顯百變形象。此劇於 2005 年 3 月 17 日首演，從這天起，事情彷彿進入了一個加速狀態，《男人之虎》反應出乎意料地好，不斷加場。三十多場爆滿之後，詹瑞文與我商量要否繼續加演，我不是一個大膽的人，提議「見好就收」，反正香港看舞台劇的觀眾都差不多看過了。詹瑞文卻是個有種賭徒性格的人，他想繼續演下去，直至無人入場為止。結果由 2005 至 2008 年，《男人之虎》合共重演八次，演出共 159 場，破盡紀錄。

《男人之虎》的奇蹟，除了是因為演出本身好看，與及劇團和劇場的配合外，最重要的還是詹瑞文的明星效應。他

爆笑大師
詹瑞文
同你笑甩通脹
每50個香港人
就有一個睇咗
10月30日
你點可以錯過
香港演藝學院歌劇院
喪打
通脹版
男人之虎
我會大力爆粗!!
VISA
PHILIPS

■《男人之虎》宣傳海報

在 2000 年往後數年，開始成為港產片最受歡迎的「串星」，在每齣港產喜劇中客串演出。他通常只出現數分鐘，造型突出，演出誇張，非常「搶戲」，很多人都喜歡他，卻不知道他是誰。由於《男人之虎》是長期演出，以很多媒體渠道宣傳，接觸到不少平常不進劇場的人。他們大部分是在電影裡見過詹瑞文，再在媒體上看到演出的廣告，買票入場。這些觀眾很多是第一次來到藝術中心，連入場時拿到場刊和問卷，都覺得新奇。

快速地，PIP 快樂共和乘著這明星效應發展，第一年雖然推出過其他節目，例如 PIP School 藝術學校、兒童音樂劇或甄詠蓓的實驗演出《遊園》等等，其實頗多元化，但論聲勢，便遠遠不及詹瑞文的獨腳戲。《男人之虎》之後，劇場組合再接二連三推出更多詹瑞文的獨腳戲，例如《萬世歌王》、《萬千師奶賀台慶》。觀眾愈來愈多，藝術中心的壽臣劇院（440

座位）已經不夠大，他們開始在演藝學院歌劇院（1181 座位）和文化中心大劇院（1734 座位）演出，以更大的宣傳營造更大的聲勢，吸引更多觀眾。後來開始有品牌邀請詹瑞文拍廣告，上電視綜藝節目、拍電影，這是一次前所未見的名氣大爆發。那幾年，也是沙士之後，「自由行」開始，經濟快速復原，整個社會充滿著一種樂觀的氣氛，我們亦浸淫其中。

詹瑞文的名氣現象令 PIP 快樂共和這計劃成功，也可說是令它失敗的原因。我們原本的目標是一年最多演一百場，第一年超額完成，演了一百二十多場。第二年因為詹瑞文的獨腳戲太受歡迎了，劇場組合開始租用外面更大的場地，於藝術中心壽臣劇院只演了七十幾場，第三年就更少了。原本希望劇團花三年時間，以壽臣劇院為演出基地的目標算是落空了，不夠時間培養一批對劇場和劇團都有感情的新觀眾，也不夠時間利用這駐場關係，培養不同的節目類型。可以說，計劃本打算實驗的各種內容，因為在市場方面太成功了，反而未能全部完成，是因為市場的力量過大了。於 2004 至 2006 這三年，即便藝術中心和劇場組合曾經嘗試努力去維持 PIP 快樂共和的原意，但市場需要的是詹瑞文獨腳戲，而不是 PIP 快樂共和，整個計劃唯有偏向這方向傾斜。

這傾斜接著帶來更大的後果，2007 年，三年計劃完成之後，劇場組合尋求更大的發展，辦公室和排練室仍留在藝術中心，但演出就更少於藝術中心發生了。2008 年，劇場組合專注於詹瑞文的明星效應，憧憬更大的商業發展空間，主動放棄藝發局的三年資助，意味著他們不會成為民政事務局（民政局，於 2022 年重組，分為民政及青年事務局和文化體育及旅遊局）資助的「十大旗艦藝團」，改名成立「PIP 文化產業」。到了 2010 年初，隨著租金回升，PIP 文化產業遷離藝術中心。

藝術中心雖然減少了劇場組合的檔期，但卻因為和劇場組合的合作，成為了最紅火的戲劇場地。很多戲劇製作都喜歡租用壽臣劇院，當時一班很有創造力的獨立戲劇創作人，例如黃志龍、彭秀慧、黃詠詩、馬志豪等等，以至受資助劇團例如香港話劇團、中英劇團和進念・二十面體，以及一眾小型專業劇團，都很喜歡租用壽臣劇院。假如他們租用兩個星期，作八至十場演出，能有八成票房的話，便大概可以回本。這些演出都是貼近生活、原創、充滿香港情懷，能夠吸引具消費力的白領女性和情侶觀眾。藝術中心成為這一股戲劇潮流的帶動者，培養了一批演出和創作人。

現在回想，2004 至 2006 那三年，好像做了一場夢。那是一次抓住了天時地利人和的實驗，雖然未能將想法完全實踐，但也足以令我更加相信，「院團合一」是表演藝術得以成功的最佳方法。但該怎樣實踐「院團合一」，就需要審視每次的天時地利人和，按實際情況找出一個最佳的合作方式。這些想法一直留在我腦海中，到 2010 年我加入西九，又再次爆發。

離開藝術中心

2007 年，當我離開藝術中心時，剛好是它的三十周年，我是很滿足的。這個三十年老字號經過驚濤駭浪，總算是保住了。財務穩定了，場地翻新了，節目也找出了新的方向。而我，亦從一個小經理長大成整個中心的領導人，可算是功成身退。

藝術中心是一個麻雀雖小但五臟俱全的場地，四十多年來自負盈虧，憑著獨特的靈活與自由，在節目創新、政策倡議、文化交流、藝團駐場模式、藝術教育等等各方面，都不停創新。而正正因為它要自負盈虧，更加不能不隨著時代改變而努力變革。以上提到的四個案例，只是我親身經歷過的創新，在它四十多年的歷史裡，還有很多很多故事。

城市如何文化？有時候我想，如果香港當年不只成立一棟藝術中心，而是成立了四五棟，分佈在香港島、九龍和新界。香港的藝術文化格局，肯定會是另外一個面貌。

in a Society

■ 香港藝術中心大堂裝修後，職員們和各層租戶聯歡（2006）

Vision | Take HK PA to the Next

Venue × Art-form | Theatre Dance Xiqu
Lyric Complex. Xiqu Centre

Governance. | Centralised Part

Leadership. Partnership Selection. | Artistic Dire
space + prog
Resident Partner Associate P

Creation Centre

Policy. Programme | Creation Policy Venue Policy Pr
Pro
Or

香港藝術發展局
2007-2010

資助藝術——成立藝發局

2007 年，我離開工作了十三年的藝術中心，轉任香港藝術發展局的行政總裁。

全球多個國家和城市，都設有類似藝發局這類機構，英文名稱通常都沿用 Arts Council，直譯是藝術委員會——它通常是一個負責撥款資助的委員會。全球第一個藝術委員會 1946 年於英國成立，作為二戰結束後重建社會和促進文化發展的一部分，為藝術界提供資源，令藝術在社會中維持活力。

在接下來的數十年裡，其他國家陸續建立類似機構。在美國，國家藝術基金會於 1965 年成立；加拿大藝術委員會於 1957 年成立；澳大利亞藝術委員會則於 1973 年成立。這些機構的宗旨，是讓每位藝術工作者——無論是業餘或者專業、個人或者團體、藝術新進或者大師，都有機會得到政府的資助。原來，政府以納稅人的錢去資助藝術這回事，在二十世紀中期仍是個很新鮮的概念。傳統的看法是：藝術是個人愛好、修為、享受和娛樂，而且是有閒階級的玩意，為甚麼要由政府支持？

西方社會目睹在第二次世界大戰中，人類文化遭受極大的摧毀，因而希望藉著政府之力推動文化保育和教育，認為此舉或可避免下一場更具毀滅性的戰爭。聯合國教科文組織在戰爭完結後數個月內成立，英國在第二年成立了藝術委員會，正式由國家推動文化藝術。背後的理念正是確認藝術對社會整體的價值，以及對每個人的重要性，這是戰爭之後全球文化的趨勢，也是現代城市文化政策發展的重要一步。

在香港，政府於 1982 年成立第一個類似的機構「香港演藝發展局」（Council for the Performing Arts），它是藝發局的前身，該局的誕生配合了當時政府在沙田、荃灣和屯門興建大會堂，以及在牛池灣、上環和西灣河興建文娛中心的政策。加上香港演藝學院於 1984 年成立，長遠目標是培養一批演藝團體，為演藝學院的畢業生提供就業機會，最終亦為這一大批新建的場地提供節目。

到了 1995 年，政府再將演藝發展局擴大成為藝發局，加入了文學和視覺藝術部分，令它能更全面地資助各個藝術範疇。那是正值香港回歸前幾年，藝術界內有很多要求在藝發局加入民選成分的呼聲，最後政府接納民意，加入了部分由業內人士經選舉推薦的席位，範疇包括文學、視覺藝術、戲劇、戲曲、舞蹈、音樂、藝術評論、藝術教育和藝術行政。

這種「民選藝術界別代表」的制度，在世界各地其他類似的機構裡，亦屬非常罕有，反映了當時香港獨有的社會氣氛。

我加入藝術中心那年，正是藝發局成立前一年的 1994 年。現在回顧，整個九十年代裡，文化藝術界有很多關於政策的討論，包括九十年代初向立法局爭取增加文化界議席以及成立藝發局的討論，到後來又有關於西九文化區沸沸揚揚的討論，我剛好全部都經歷了，培養了我對政策和宏觀事務的興趣。

1994 年，我作為召集人組織了「戲劇政策關注小組」，發起了不少討論，並且以提名人的身份去推動張秉權老師參選，成為藝發局第一屆戲劇代表。我後來也作為戲劇小組的成員，參加了藝發局的早期工作。可以說，我一直很熟悉藝發局。

剛開始時，藝發局的定位是一間資助機構，類似一個基金會般運作，每年把政府撥款經不同的資助計劃審批予不同人士或機構。最普通的資助計劃如「計劃資助」（Project Grant），是以撥款資助一次性的項目，例如創作、研究、演出、出版、展覽、放映、文化交流等等。除了計劃資助，另一種是行政資助（Administrative Grant），目的是支援藝術團體日常運作的營運開支，內容可包括租金、儲存、辦公室開支、基本薪金等等，它的目的是培養新進藝團。

藝發局一開始的工作，正是集中安排這兩種資助計劃。由於委員中很多人來自藝術界，也有民選委員，因此，所有政策和方向的制定都有業界的參與，能保證切合需要。而批款的方式，亦是業內專家以審批員的身份批出，另外會再邀請專家評核藝術計劃的實施情況，加以評分及提出改善意見。這就是所謂的同儕評核（Peer Assessment）制度，當中的精神是以行內人評核行內人。而藝發局的職員，就只扮演秘書處的角色，提供行政協助，務求整個撥款過程公平、公開、公正。

這制度的特色是民主化，它以藝術工作者為整個制度的中心，讓藝術社群自己界定資助藝術的標準。當然，藝術的價值和水平，並沒有單一標準，當中必然包含了主觀成分。這套制度除了未能避免爭議，亦難免會引起利益衝突的嫌疑。因此，藝發局同時亦設立了繁複的利益申報制度，以避免這類情況，這套制度到了千禧年後，已經運作得相當成熟。

在香港整體的文化制度中，藝發局扮演了不大也不小的角色。說它不大，是緣於它佔政府全年文化藝術的預算比例，只有 5% 左右。它不資助文化設施，不資助旗艦藝團，不資助藝術院校，不資助大型藝術節慶……形容它的角色不小，是因為它的覆蓋面很大，涵蓋大部分藝術種類、形式和面向。城市是如此複雜多元，藝術文化又是有許多面向，藝發局為城市裡各種各樣的藝術活動提供了一個獲得資助的窗口，令它們不至於被時代和商業社會淘汰，這是一個城市文化體制成熟的象徵。

2007 年，藝發局成立快十三年，我在藝術中心工作了十三年，升至總幹事負責營運這中心已經六年，剛四十一歲。有一天，我收到獵頭公司的電話，問我有沒有興趣報考藝發局行政總裁的工作。

這時候的藝術中心，已從金融風暴中恢復過來，並得到賽馬會慈善信託基金的撥款，進行了一次大型維修。藝術中心的展覽活動和電影錄像的節目都有穩定發展；表演藝術方面，壽臣劇院成為了一批新進創作者最喜歡租用的場地，其中包括彭秀慧和黃詠詩的獨腳戲、W 創作社的創作劇，令這個場地充滿活力；藝術學院的發展也很穩定，除了核心的純藝術課程，也開辦了戲劇教育、應用藝術等不同的新課程。對我來說，藝術中心已經渡過了最困難的時期，站穩了腳步。我蠢蠢欲動，想有下一步的發展。

當獵頭公司聯絡我，並邀請我參加藝發局行政總裁的職位面試時，我感到很榮幸，因為這是一個全港性的機構，行政總裁是很重要的職位。那時候香港經濟繁榮，西九文化區剛剛「推倒重來」，重新出發。那年是回歸十周年，內地經濟突飛猛進，在藝術文化上有很大的發展空間，與世界的交流日漸增加，香港和內地的交流和合作，正是一個好時機。在這樣的時機，我能夠從一個民間營運的藝術中心，轉去這個全港性的藝術機構工作，是一個打開自己格局並加以提升的好機會。

而我知道，要做好藝發局的工作，我需要在心態上作出大轉變，也需要學習很多新知識。首先，藝術中心的定位是當代藝術，在年輕藝術家的圈子活躍，藝發局則需要照顧全部的藝術範疇，如古典音樂、傳統戲曲、文學出版或社區文化等等，要一一兼顧，可以怎樣做到？

任職藝術中心時，我的工作目標是令這場地成功，在藝術範疇做出成績，財務上達到自負盈虧，做好這三點就夠了。在藝術中心，決策的過程很簡單，只要和董事局溝通好就可以，困難之處並不是決定要做甚麼，而是找資源，只要有資源，甚麼都可以做。藝發局便剛好相反，它需要為全香港的藝術發展負責，花的又全是公帑，必須向整個社會負責任。機構要做甚麼？為甚麼要做？不僅僅是董事局說了算，更不是行政總裁說了算。業界同意嗎？政府同意嗎？社會大眾同意嗎？這些都是很複雜的問題，但只要回答好這些問題，讓公帑用得其所，資源反而不是最大問題。

對於我，這不只是轉了一份工作，這是一個從「私領域」轉移到「公領域」的過程，是一次擴闊視野、建立遠景的機會。我想，如果希望自己將來的工作更有影響力，希望有機會令這個城市更文化，我就要接受這挑戰。

培訓人才——藝發局的核心目標

2007 年 5 月 1 日，我第一天到藝發局上班，辦公室位於上環新紀元廣場。那天陽光很好，我的心情一方面躊躇滿志，另一方面戰戰兢兢。入行近二十年，大部分時間在氣氛自由的藝術中心工作，我的民間背景雖然對藝發局的工作是優勢，但畢竟後者是公營機構，我不能再以民間藝術界自居。上班前我已經暫停了電台文化節目的主持人工作，也減少在社交媒體上發表個人意見，從此，我對外再沒有個人身份，只能以官方身份示人，這不是我喜歡的事，卻是必須做到的事。

我在藝發局工作三年，最大的得著是學懂了「程序思維」，這也包括了運用公帑的原則。運用公家的錢要有理由，目標要寫得清清楚楚，程序要透明，所有決策背後的原因和步驟都要記錄下來，存檔保留；也要做到公正，不可偏私，所有參與程序的人都要申報有沒有利益衝突；資源的分配要公平，公平的意思並非指資源的平均分配，而是要讓不同的受眾獲得公平對待，有平等的機會去申請公帑的資助。對我而言，這些都是新鮮事物，也是很好的訓練。

在最後一年，藝發局更經歷了第一次被審計署要求進行衡工量值式審計工作（Value for money audit），這是香港對政府部門和資助機構在審計上最嚴謹的檢討，這過程是極佳的學習機會，令我對於應怎樣運用公共資源的思維，有了更深切的了解，大開眼界。

我在藝發局第二個重大得著是學懂「大局思維」。藝發局有各種各樣的資助計劃，各個藝術界別均有不同需要，每年大約一億元的預算，實在不多，往往要分割成數百個不同類型的資助項目。由以數萬元資助一本文學書籍的出版，到資助數百萬以舉辦一個大型海外交流活動，每樣都很重要，每個項目都有急切需要，而且需求是無限的，永遠僧多粥少。該如何去令這數百個獲得資助的項目綜合出一個最大的效果，在社會的宏大格局中，對藝術發展作出改變，令藝發局不致成為一個瑣碎被動，想要兼顧各方，但又各方不討好的機構？這是行政總裁天天都要面對的課題。不理順這一理念，很容易會在崗位中迷失。自己不把這問題弄清楚，又怎能向社會解釋我們在做甚麼？

那麼，藝發局的大局是甚麼？要回應這條問題，我們需要看向歷史。我認為 1995 年藝發局成立的目的，是為八十年代興建的場館培養藝術團體，提供本地節目，也為 1984 年成立的演藝學院畢業生創造工作機會，簡而言之，就是培養本地的藝術力量。

「供給帶動」而非「需求帶動」，是城市藝術政策很普遍的模式，政府以發展表演場地和博物館作為藝術政策的起點，接下來以藝發局支援藝術家創作，最後為作品建立觀眾群，這也是香港自六十年代走過來的路。我 1988 年畢業入行，一開始就在大會堂工作，然後到了新開幕的香港文化中心，期間任職過舞台劇製作公司、社區劇團，再加入藝術中心，到 2007 年轉職至藝發局，同樣經歷了從場地管理到生產藝術內容的兩個階段。

讓我們從數字上分析：1995 年藝發局成立時，獲得政府 4700 萬撥款，有六個藝團獲批經常性撥款資助，亦支持了 346 項「計劃資助」。到了 2006 年，即是十一年過後，藝發局得到的政府撥款約 9740 萬，仍然支持著六個獲得「三年資助」的藝團，另外增加了 26 個「一年資助」的藝團，批出 182 項「計劃資助」及 31 個主導性計劃。意思是，藝發局的撥款增加了一倍，它用這筆錢去支持 32 個專業藝團的長期運作，是十一年前的五倍。而「一年資助」數量的增加和「計劃資助」的減少，意味著香港藝術環境愈來愈趨專業化，需要更多藝術組織去推動項目，以累積經驗，培養人才及作長遠策劃。

到了 2007 年，政府改變了表演藝術資助的制度，把藝發局長期資助的六個「三年資助」藝團（中英劇團、香港芭蕾舞團、香港小交響樂團、城市當代舞蹈團、進念．二十面體和劇場組合）從藝發局資助中抽出來，交由民政局直接資助，與原本就由政府資助的四個藝團（香港管弦樂團、香港舞蹈團、香港中樂團及香港話劇團），成為十大旗艦藝團。

我加入藝發局擔任行政總裁之際，剛好是在六個藝團脫離藝發局資助後，正值藝發局需要調整策略的時刻。藝發局

■《魚戰役溫柔》(1995)
進劇場為藝發局「三年資助」藝團／張志偉攝

是否應該從此專注發展中小型藝團呢？如果不是，又有甚麼其他出路？我在藝術中心任職的十三年裡，大部分工作都是與新進和中小型藝團合作，我認為藝發局應大力支持中小型藝團，是順理成章。在我任內的那三年，26 個獲得「年度資助」的中小型藝團急速增加至 39 個，增幅達百分之五十。這些藝團涵蓋各個藝術範疇，有以創作為主的，也有以社區推廣、學校教育、出版、發行、行政培訓、檔案庫、文化交流等為特色的團體，其中超過一半更獲得兩年的資助，不需每年申請。

藝發局在 1995 至 2010 年這十六年內，持續性的為香港增加了近四十個中小型藝團。這些團體的成員大多由香港本地培訓，也有出國進修回來的藝術工作者。他們除了全面使用康文署的文娛場館，更深入香港十八區，與其他政府部門或不同的社區服務機構、學校、商界，甚至是海外或內地進行文化交流。這些中小型藝團對香港藝術多元發展的貢獻之大，可以水銀瀉地、深耕細作去形容。

在我 2010 年離任之後，這類藝團的資助繼續在藝發局發展，形成了「一年資助」和「三年資助」兩種資助計劃。到了 2022 年，藝發局成立了二十七年後，獲得這兩種資助的藝團數目已經達到 53 個。其中部分藝團連續獲得資助超過二十多年。藝術是城市文化的重要組成部分，承載著信念、價值觀，還有日常生活風格、創造力、歷史和傳統，現代文化城市的特色是多元化和多層次。藝發局的成立，令香港過去接近三十年可以持續地多元化發展，累積文化發展的土壤，培養藝術工作者和觀眾，這些都是令香港成為文化城市必不可少的因素。

除了擴大中小型藝團的資助，藝發局亦需要有全局的思維和歷史的眼光。在那三年，我們開展了三個新項目，分別是香港藝術發展獎、校園藝術大使計劃和香港藝術界年度調查。它們都是覆蓋整個藝術界和全港性的計劃，並且延續到今天。

香港藝術發展獎

很多城市都設有由市長頒授的文化藝術獎，以建立藝術在社會上的地位，同時幫助建立城市的形象，這方面，香港一直沒有實行。

這個角色，藝發局可以做。藝發局要在社會上發揮作用，需要建立自己的形象，最好的辦法就是頒獎。對藝術家而言，有時候得到官方的獎項，比獲得資助更顯難得及矜貴，對藝術家是很好的鼓勵，而且終身受用。早在 2003 年，藝發局曾經辦過「香港藝術發展獎」，卻是不定期舉行的，理由是很多人仍然不肯定香港是否有足夠的藝術家和作品，值得每年頒發獎項。2007 年，我向藝發局大會提議，應該每年舉辦藝術發展獎，並由行政長官任主禮嘉賓。這獎項除了表揚藝術家，亦表揚藝術推廣者、學校和贊助者。

香港其實已經是亞洲其中一個藝術活動最活躍的城市，絕對可以每年頒獎。而且藝術發展獎要每年舉辦，才能建立品牌，樹立標杆，令業界期待，鼓勵每年創作出好作品。我們因而設立了每年頒發藝術發展獎的制度，從 2008 年開始舉行，至今已經成為香港藝術界的年度盛事，2023 已是第十七屆。回看這十七屆的得獎名單，可算是香港藝術發展的一份紀錄。

校園藝術大使計劃

這是 2008 年推出的一個藝術教育計劃，由藝發局的委員提出，是一個主導性計劃，由藝發局同事負責執行，目標是成為藝發局與教育界的旗艦計劃，長期和中小學合作。計劃每年主動邀請中小學校提名藝術方面特別優秀的學生，每校最多兩名，每年合共有近千人參加。藝發局每年為這一千位「藝術大使」安排特別設計的活動，包括藝術營、工作坊、參觀等等，希望能給予他們鼓勵，擴闊學生們的視野，亦希望能凝聚藝術領域的生力軍。

十五年過去了，計劃非常成功，已經有一萬五千位參加過的學生。有些「大使」畢業後修讀藝術課程，成為藝術工作者，也有些畢業後仍以義工身份繼續參與這項計劃，亦在不同的場合再和這計劃相遇。

香港藝術界年度調查

「調查研究」向來是香港藝術發展最弱的一環，學術界比較專注於藝術家、作品和社會方面的質化研究，針對行業、市場、政策和觀眾相關的研究卻是少之又少。除了政府部門間中進行的研究，藝發局是極少數聘有研究團隊的機構。在我加入以前，藝發局的研究項目是按當時需要而定，沒有長期的方向。我建議加入一項常設研究，每年收集藝術節目的基本數據，包括場地、主辦方和演出團體、票價、觀眾數字、資助或贊助者等資料，將這些資料整理，和以往的數據比較，分析趨勢，成為了「香港藝術界年度調查」。

此調查從 2007 年開始，每年進行。對一般市民或者藝術工作者而言，這些資料可能沒有太大用途。但是，對於研究人員或者政策制定者來說就很有用。例如，如果我們想知道這十多年來香港的演藝觀眾數目有沒有增加，就可從這份調查報告找到以下資料：

2007/08 度，香港全年演藝節目觀眾有 278.9 萬人次，按當年人口七百萬計，每人平均觀看演藝節目 0.4 次。到了 2018/19 年度，全年演藝觀眾總共 336.5 萬人次，按當年人口七百五十萬計，每人當年平均觀看的演藝節目為 0.45 次。所以，這十二年之間，每人多欣賞了 0.05 場演出，等於全港觀眾增加了 57.6 萬人次。這些數字令我們更具歷史感，可更宏觀地看待藝術文化，當社會要討論文化政策時，就有數據可依循了。

以上三個項目雖然有不同的面向，亦只是藝發局眾多工作的其中一部分，但它們同樣是一些長期項目，至今已經延續超過十五年。藝術對社會的影響，需要時間才看到效果，藝發局資源不多，優點是穩定，只要有長遠眼光，深耕細作，就能達到其長遠目標。

雖然說藝發局的特色是能夠涵蓋不同的藝術門類，但也有我們幫不上忙的時候。有一次，有位民間手工藝人來訪，詢問有甚麼方法可以申請資助，因為麵塑、中國結、剪紙、木偶、魔術、雜技等這些民間藝術快都要失傳了。同事與他談了很久，但仍找不到方法，不知道應該把「民間藝術」放在視藝、戲曲，抑或戲劇類別之下，因為三者其實都不適合，實在有點可惜。

總括而言，藝發局對香港成為文化城市的意義重大。在過去近三十年，它為這城市培養了好幾代藝術家，曾經長期資助五六十個藝術團體。除了資金之外，更讓藝術界選出代表參與制定藝術政策，亦可參與評核資助計劃，共同為批款作出決定，這些政策，幫助了香港藝術界的發展與成熟。

但是，近三十年的運作，亦令藝發局遇到瓶頸。當藝術資助成為常態，其實也會變成習慣。很多三十年前開始受資助的藝團，到今天仍然受到資助，而且相當活躍。大家可以想像，政府撥款不會無限增長，受資助的藝團也不會無限地增長下去。這列資助火車早已滿座，如果欠缺「到站下車」的機制，受資助藝術團體的名單就會慢慢地固定下來，每年只有小量改變。新一代的藝術工作者，要麼加入這些受資助的資深藝團，假如希望成立自己的藝團，就要尋求另類的資助，或者向商業運作的方向發展。這就是成立近三十年後，藝發局的成績，也是要面對的問題。

■ 西九文化區 M+ 大樓建築選址（2010）
《西九龍填海區攝影系列 1994-2018》／謝至德攝

創造空間——文化土地的問題

我在藝發局只做了三年多便離職了，原因是西九文化區（西九）終於啟動，我有機會成為第一任表演藝術行政總監，負責最初的規劃工作。在考慮轉職時，有前輩跟我說：你何必要現在就加入西九？以西九的情況，可能在你完成兩張合約之後，那地方仍然是一片工地。何不留在藝發局，等西九場館開幕後才加入？

前輩不知道，那一刻的我，正是很希望能參與西九的空間規劃，若果待場館完成後才入職，就沒有意思了。我認為香港藝術發展最需要解決的問題就是空間的規劃，原因來自三個經驗：第一是管理藝術中心，第二是參與規劃石硤尾賽馬會創意藝術中心，第三是活化工廈計劃。

我在藝術中心工作十三年，對這個場館非常熟悉。由於經常要進行維修，我對大樓裡不同空間的來龍去脈很感興趣。我常常問，這裡原初為甚麼要建成這樣？建築師有甚麼想法？後來的管理者和使用者有沒有照著原意去使用？如果是後來再改建過，原因又是為何？我發現，建築設計背後的細節，是經過很仔細的考慮的，對往後所有使用者或所有在這空間裡發生的創作，都有莫大影響。

藝術中心的建築師何弢設計這座建築時，才華橫溢，添進了很多細緻的心思，如果順著他的原意去使用空間，用途會很精彩。反之，如果不懂得用，更好的用途也會格格不入。一個藝術場地將來能創造和展示何種作品，或將來對社會文化會產生甚麼影響，基本上在規劃和設計時已經大致確定了。

這就是我對規劃文化空間非常有興趣的第一個原因。

然後，在 2005 至 2007 年，我參與了石硤尾賽馬會創意藝術中心的規劃工作。那是一個由民政局牽頭的項目，由香港浸會大學主導，賽馬會慈善信託基金出資，藝術中心和藝發局作為策略夥伴，一起改建一間 1977 年建成的政府工廠大廈，成為一個擁有一百個藝術家工作室的藝術村。

此項改建工程由本地年輕設計團隊 Meta4 Design Forum Ltd. 設計，在設計過程中，他們既兼顧了保留原本那種香港早期輕工業質樸的風格，同時為遷入的藝術家設計了多種不同大小或高度的工作室，也創造出畫廊、黑盒劇場、中庭和天台的特色空間。中心四通八達，多出入口的設計，令中庭成為了附近石硤尾社區的公共客廳。

這個項目可說是非常成功，收到超額五倍的藝術家申請租用。2008 年開幕至今十多年間，仍然很受藝術家歡迎，它和社區和諧融洽，已經形成自成一格的社區藝術氛圍。

隨著八十年代一批文藝場地的興建，藝術教育的普及，演藝學院的成立，以及藝發局在九十年代成立，香港的藝術發展至千禧年後，面臨了一個瓶頸——空間不足。人才一年一年被培養出來，觀眾也逐年增加，卻欠缺演出和展覽的地方，創作排練的空間更加缺乏。香港經濟蓬勃發展，地價租金不斷上漲。牛棚藝術村和賽馬會創意藝術中心，是政府對於藝術家工作室不足的小規模回應，但需求永遠都比供應大，大部分藝術家其實在各區的工廠大廈，面對著牌照和租金的困境。西九文化區其實同樣是政府針對這問題的回應，但那更加波折重重，遠水救不了近火。「空間」是那年代的主題，這是我當時很渴望參與西九規劃的第二個原由。

第三個原因，是活化工廈計劃。2009 年，政府推出第一期活化工廈計劃，目的是鼓勵工廈轉作商業用途。六、七十年代，香港工業曾經非常發達，八十年代後工廠陸續遷至內地，工廈空置和老化問題嚴重，但仍有近二千棟，其中很多已經被用作非工業用途，部分與文化藝術和創意產業有關，例如視覺藝術或工藝工作室、戲曲、戲劇及舞蹈排練室、音樂排練室、錄音室以及電影電視製作工作室。

這些工作室，很多時同時用作創作、辦公、貨倉、教學訓練、展覽和演出，大部分不屬於工廈容許的用途，但由於監管困難，工廈於八、九十年代已經成為藝術和文化創意產業的溫床。「活化工廈計劃」於 2009 年由發展局提出，很多藝術家，尤其是樂隊，擔心計劃會令工廈租金上漲，或者大量工廈會被改建為商業用途，導致他們被迫要離開。

由於工廈政策屬發展局管理範疇，不屬於文化藝術界，部分藝術家希望藝發局代為向發展局爭取一個能兼顧藝術發展的工廈政策。2010 年的農曆新年初七，他們發起由銅鑼

■ 藝術界關注工廈政策遊行（2010）／社交媒體圖片

灣維多利亞公園至鰂魚涌藝發局辦公室的遊行，打算向藝發局提交請願信。我記得那天是公眾假期，我和同事一早回到辦公室準備，事前和負責的警察及物業管理公司作出若干安排。我們了解到遊行人數有一百人，比預期多，隊伍於三點出發，走走停停，到達終點已經五時多，警方通知我下樓去接信。辦公大樓下有個卸貨的平台，我站在上面，示威人士在下面，果然有近百人，有不少是我在藝術中心工作時已經認識的，大部分我都不認識，他們還帶著一扇從工作室拆下來的木門，要送給藝發局。

上台把請願信交給我的，是一位認識很久的藝術家。我接過信，與他握手拍照，就像電視上常常看到的請願場面。我想，我可能是香港第一個接請願信的藝術管理人，而香港文化發展的問題，其實是土地問題。

遊行完結之後，我們和他們的代表到達藝發局的辦公室，與主席商討跟進工作。我們承諾除了會向民政局和發展局轉達他們對活化工廈計劃的憂慮和期望外，還會主動和藝術家合作，進行一次工廈藝術家調查，以收集工廈藝術活動的數據，研究工廈藝術工作室的數目，以反映實際的現況和需求，從而影響相關政策。

活化工廈計劃於 2010 年推行，促使小部分工廈改建成酒店和商廈。2019 年，發展局推出第二期活化工廈計劃，鼓勵加入創意產業的用途，同時亦放寬現有工廈作排練和藝術工作室之用的限制，但開班授課仍然是不允許的。在這些限制之下，仍然有很多工廈沒被活化，仍然有很多藝術家在工廈生存。有趣的是，藝發局此後更積極擔起提供藝術工作室的角色，先後推出多項計劃，近年更於黃竹坑和大埔推出大型工作室，讓藝術家申請。

於藝發局工作的三年裡，令我開始思考，藝術政策不單是撥款資助藝術家這麼簡單。很多能夠影響文化的政策，並非以文化政策的名義而訂立。要令香港發展成為一個文化城市，不只需要文化政策，更需要在土地、經濟、教育政策等等各方面落墨。要對文化「友善」和「有利」，只靠單單一個文化部門單打獨鬥，實在打造不出一個文化城市來。

香港藝術發展來到 2010 年代，仍然受空間問題困擾，而土地問題也是房屋問題的根源，影響香港經濟。這些問題千絲萬縷，並不是短期可以解決的，也不容易解決。對於藝術界來說，最大的突破、最大的期待就是西九文化區。經過多番波折，政府終於在 2008 年獲立法會通過批地和撥款申請，把尖沙咀西部一塊四十公頃的填海新地，加上 216 億港幣，交給一個法定組織——西九文化區管理局去興建及營運一個世界級的文化區。困在空間瓶頸的香港藝術界，把所有希望投射到這個宏大的計劃上。

這也是我想參與西九文化區前期工作的原因。在土地的運用上，西九可說是香港藝術界歷來最大規模的，亦是近二三十年內唯一的機遇，可扭轉發展的困境。而空間格局一旦被定下來後，就很難改變了，前期工作實在非常關鍵。

當機會來了，我便決定報名投考。

17
2018
Creation
Freespace

西九
文化區
2010-2019

■ 戲曲中心工人拆除門外的建築材料（2018）／謝至德攝

聚焦西九——文化區的由來

我第一次聽到「文化區」這個概念是 1998 年，首任特首董建華提出要在尖沙咀西面一幅填海得來的土地，成立一個世界級的「文娛藝術區」。是的，西九文化區一開始時，是以「文娛藝術區」這名字出現的。

我當時才三十二歲，是香港藝術中心的表演藝術總監，在藝術管理行業工作了十年，正開始有所發揮。那時候香港剛剛回歸，不論是針對外國或內地，都有很多文化交流的機會，未來充滿可能性。聽見政府要興建這個世界級的文娛藝術區，感覺很不真實。首先，我不知道「西九龍」在哪兒，聽說是填海所得的一片地，但沒有人去過，也不知道怎樣去。而且，我猜大家都不太了解「文娛藝術區」是怎麼一回事，是像香港迪士尼樂園一樣的主題園區？或是紐約百老匯般？抑或是街道上的劇院區？我只知道，香港這個商業社會，從來未試過把「文娛藝術」放於這麼重要的城市議程上，我感覺刺激，這龐大計劃的建設，竟會有我這一代人參與。

藝術區由來

要細述西九文化區的故事，要從 1995 年開始。

1995 年 6 月，音樂劇《歌聲魅影》於香港首次演出，在開幕了六年的香港文化中心大劇院演出十六周。這齣 1986 年在倫敦首演的音樂劇譽滿全球，代表了音樂劇的巔峯。這次演出對於香港來說，是從未有過的文化盛事。

那時候，我剛加入香港藝術中心，負責表演藝術。我也去看了《歌聲魅影》，雖然當時我喜歡較為實驗性或更能刺激思考的演出，但總算見識了音樂劇作為商業藝術的魅力。我當時絕不能預料到的是，這次演出改變了香港藝術的走向，催生了後來的西九文化區。

箇中原因是《歌聲魅影》連同裝台和排練，佔用了文化中心大劇院近五個月之久。這次破天荒的租場安排，引起了香港很多表演團體的不滿。他們向政府投訴，認為香港文化中心不應被外來的商業演出長期佔用。我當時也同意這觀點，香港要發展文化藝術，當然要發展本土的內容。結果，從此以後，文化中心大劇院再沒有批出如此長的出租節目檔期，一般的演出都不會超過三個星期，好讓不同的藝團有機會使用該場地。

這次富爭議性的事件，凸顯了香港政府在「藝術普及化」的藝術政策之下，要推行表演產業化所面對的困難。要發展表演藝術的市場，一定要讓受歡迎的演出像百老匯音樂劇一樣，長期佔用劇院，不能太過公平主義。

《歌聲魅影》之後，旅遊業界看中了音樂劇吸引遊客的商機，但亦知道不能依賴現有的場地。香港旅遊協會在 1996 年開始研究，並向政府提議興建一個專演音樂劇的劇場。

他們的聲音得到了積極回應。1997 年，香港已經成為全球其中一個最富裕的城市，經歷了一百五十多年的殖民統治後，政治前途塵埃落定，終於以一國兩制的形式回歸中國，成為中華人民共和國的一個特別行政區。在這個新環境之下，香港在文化方面有了新目標——藉著建設文化區，成為世界級的藝術之都。香港回歸之後一年，首任特首董建華於 1998 年在他的首份施政報告中，針對發展旅遊業的部分提出：「我們現正計劃在西九龍填海區興建一個設備先進的新表演場地。」

爭議設計

西九龍在哪裡？「西九龍填海計劃」是香港政府在 1990 年推出的一連串大型發展計劃的一部分。由鐵路連接中環、尖沙咀、大角咀和長沙灣，再由青衣接駁至大嶼山赤鱲角新機場。其中，尖沙咀西邊一片四十公頃的新土地，地底下正是機場鐵路和西區海底隧道。這是位於香港市中心的一片臨海超級寶地，1997 年之際，這片地已經填好，準備發展。

隨後幾年，香港旅遊協會（香港旅遊發展局的前身）、香港政府的規劃署、民政事務局和康樂及文化事務署分別研究調查，建議把施政報告中「一個新表演場地」的概念，擴展成為一個位處西九龍填海區的「文娛藝術區」，並且因為現行文化設施的營運不夠靈活，認為該區的營運應該引入私人參與。

那幾年，香港的藝術政策正發生重大改變，一直負責藝術的市政局和區域市政局，回歸不久後便在「區域組織檢討」之後被廢除，文化政策由民政事務局統一負責。管理文化設施的工作，則由民政局轄下的康樂及文化事務署統一負責。

政府也在 2000 年成立「文化委員會」，直接向特首負責，建議回歸後首份文化政策藍圖。委員會以「民間主導」為核心，提出的建議例如場地性格化，發展駐場藝團，成立法定機構策劃和管理場地，令政府部門的角色由「管理者」變成「促進者」等等。這些建議，皆支持一個非直接由政府營運的西九文娛藝術區。

政府規劃署於 2001 年舉辦了「西九文娛藝術區」概念規劃設計比賽，在沒任何文化設施的細節前，先徵求設計概念。結果由 Foster ＋ Partners 的設計勝出，該設計的重點是一個巨大而流線形的天篷，覆蓋整個四十公頃的西九龍填海區。

這個具爭議性的設計，是往後西九一連串爭議的開端。很多人批評這個宏偉的設計昂貴和不切實際。藝術界最擔心的是，在還未決定文化區的內容之前，便選擇了這個地標式設計，一定會限制了將來區內不同場館的設計。現在回頭看，我認為這個設計最大的功能，可能就是為政府計劃的「單一發展商」發展模式鋪路。

2003 年，政府終於為「西九龍文娛藝術區」招標。而政府發展這個計劃的方法是以地產補貼文化：政府不出資，但提供免費土地，由單一發展商負責興建整個園區，並營運五十年，區內的發展包括商業發展和文化設施。其中的文化設施包括：

- 巨大天幕，覆蓋發展區範圍 55% 以上
- 劇院三個，分別容納最少 2,000、800 和 400 人
- 演藝場館一個，可容納最少 10,000 人
- 博物館四個，面積最少共 75,000 平方米
- 藝展中心一個，面積最少 10,000 平方米

- 海天劇場一個
- 廣場最少四個

結果，有三個財團合資格參與競標，分別是由長江實業集團及新鴻基地產合資的「活力星國際」，由恒基兆業地產獨資的「香港薈萃」，以及由信和置業、九龍倉集團及華人置業集團合資的「藝林國際」。

藝術界對這方案的反應，是好壞參半和半信半疑。一方面希望西九龍這個破天荒的計劃能夠盡快推行，令香港有更多藝術場地，另一方面，對方案中標的場館選擇和背後理念，又相當不理解，希望能就整個方案有更多的諮詢和論證。當中亦有不少藝術界人士質疑，為甚麼方案裡沒有音樂廳、流行音樂中心、電影中心、粵劇中心、文學館和藝術學校。

在兩年間，三個競標財團與不少本地、內地和外地藝術機構商討合作，甚至簽約加盟加入個別財團的設計方案。

2005 年，政府就三個財團的詳細設計方案，展開了三個月的公眾諮詢，並邀請市民作出回應。展覽以建築模型、展板和小冊子介紹三個方案的設計內容，羅列出將來會加盟的藝術夥伴。三個方案對天幕的設計和藝術場館的數量和定位，都有不同演繹。看畢這展覽，我才第一次明白，這個政府只提供土地，由地產發展主導的文娛藝術區，無論怎樣設計，最終用作藝術用途的土地，都只會佔整個園區很小部分。換句話說，這個文化區最終只會是以文化包裝的地產項目，香港最主導的文化，仍然是商業文化。

最大的爭議其實不是來自藝術界，而是社會公眾。由地產發展主導的方案，碰到回歸後香港市民對於社會過度商業

■ 戲曲中心的室內空間（2016）／謝至德攝

化、貧富懸殊、樓價高昂，以至於「地產霸權」的不滿。連地產界都不滿只由單一地產商去發展整片四十公頃的土地。三個月的諮詢期開始後，不足一個月，立法會便已經通過要求撤回單一招標的動議。在各方壓力之下，政府終於在 2006 年 2 月宣佈西九文娛藝術區「推倒重來」，回到 2001 年前的狀態，重新構思。

重新構思

和上次不同的是，2006 年中，政府首先為西九的藝術內容重新諮詢，委任專家和業界人士，成立「核心文化藝術設施諮詢委員會」，這委員會下設三個小組，包括「財務小組」、「博物館小組」和「表演藝術與旅遊小組」。經過接近一年的商討研究，諮詢委員會於 2007 年 6 月向政府提交了一個新的方案，而我當時以藝術中心總幹事的身份加入了表演藝術與旅遊小組。

新方案為西九的藝術功能重新定位，前提是，西九是文化藝術項目，而文化藝術是社會的長遠投資，西九的願景是：

- 包含文化、娛樂及旅遊內容的綜合文化藝術區
- 配合長遠發展香港文化藝術所需基礎設施
- 促進文化和創意產業
- 吸引和培育人才
- 提高市民大眾的生活質素
- 成為珠三角地區文化門廊

新方案將原來的四個博物館合成為一個 M+ 博物館（78750 平方米），保留展覽中心（10000 平方米）。至於表演場地則大幅增加，由五個增加至十五個，包括戲曲中心和

古典音樂場館，亦增加了很多中小型場地，以培養本地小型藝團，第一期場地包括：

- 大型表演場地（15000 座位）
- 大劇院（2200 座位）
- 中型劇院 x 2（500–800 座位）
- 黑盒劇場 x 4（150–250 座位）
- 音樂廳（2000 座位）
- 室樂廳（800 座位）
- 戲曲中心（1400 座位）、小劇場（400 座位）
- 廣場

第二期場地要待第一期完成才決定興建，包括：

- 大劇院（1900 座位）
- 中型劇院 x 2（800 座位）

新的方案放棄了由地產發展商主導，改由政府成立一個法定機構「西九文化區管理局」，董事由特首委任，其他成員由官員和民間人士組成。管理局負責設計、興建和營運整個文化區，但管理局不屬政府架構，職員也不屬公務員編制，全部公開從業界招聘。它能訂立自己的財務、人事和藝術政策、方向和規則，它也可以與本地和海外機構作藝術或商業合作。

至於財務方面，政府按諮詢委員會的建議，從立法會申請了 216 億的撥款，注入西九管理局，用以興建文化藝術設施。至於將來的營運費用，管理局需自負盈虧，只能依靠場地收費、零售和餐飲收益。儘管新方案的願景寫明這是文化藝術項目，這樣的財務安排顯示了政府仍然期望文化區以商業模式經營。至於地產發展，新方案裡除了文化設施之外，也有許多商業地產發展地段，但這些收益不屬於西九管理局，有關收入全歸政府所有。

很明顯這安排並不可行，絕大部分文化藝術場館都需要補貼，尤其愈大型的公共藝術場館。當時有人提出，其實 216 億也不足以支付西九的建造費，這套財務估算不切實際，西九的新方案遲早將會需要政府再注資。[1] 但可能因為這計劃已經歷太多波折，財務危機既然不會立刻出現，便沒有太多人再質疑，立法會於 2008 年正式通過成立西九管理局，並進行注資，擾攘十年，西九終於起動。

從 1998 到 2008 年，西九文化區的概念，由一個吸引旅客的音樂劇院，首先變成了為城市建立形象的地標式項目，加上地產發展，變成了由地產發展財團主導，最後再變成一個由政府主導，並且自負盈虧的文化藝術區。十年之內，計劃的規模變得愈來愈大，背後代表了甚麼心態，又有怎樣的環境因素？我試著以下面數點分析：

1. 超級工程（Mega project）的誘惑。1997 年香港回歸中國，舉世矚目，政府自然希望為香港描繪出一幅新面貌，西九無論是位置和藝術場館的定位，都是城市建立地標最理想的項目。
2. 畢爾包效應（The Bilbao effect）。1997 年美國古根漢美術館在西班牙畢爾包建立新館，由建築師法蘭蓋里設計，結果令畢爾包這個城市脫胎換骨，成為旅遊熱點。從此，畢爾包效應就是指建築加藝術等於旅客的方程式。全世界不同的城市，包括香港，都想仿效。

---

[1] 2015 至 2019 年，政府分三期撥款興建西九文化區綜合地庫，共 239 億元。

3. 創意產業／創意經濟。1998 年英國發表創意產業藍圖報告，把藝術、表演、博物館、電視、電影、設計、拍賣、時裝、建築等等十三個行業歸類為創意產業。研究表明，這些產業都涉及創意內容的產值，把它們算在一起，可以高達全國經濟的百分之四。這個研究，從此影響全球經濟政策至今，香港也不例外。
4. 回歸後的本土文化熱。1997 回歸之後，香港人產生了愈來愈欣賞本土文化的傾向，由街頭飲食到舊建築，粵劇到所有本地藝術，都受到香港人支持，意味著他們也支持西九有更多本地藝術家的參與。

城市如何建設文化？

從一個宏觀的角度看，香港從開埠到 1960 年，都沒有藝術政策；由 1960 到 1997 年，開展了以「普及化」為主的藝術政策；自 1997 年開始，香港企圖發展一種以產業化為目標的藝術政策，並以西九文化區為試驗。回頭看，對香港而言，這畢竟是一次全新的實驗。西九文化區 1998 至 2008 這十年的折騰，其實是這個城市學習和調整的過程，對於社會為甚麼要支持藝術，要支持甚麼藝術，大家都在學習和調整，當中包括政府、文化藝術界、商界和市民大眾。在這十年間，西九不停轉變，其目標也不停轉變，而因為西九的規模特別大，調整的過程也因此特別痛苦。

幸好這個計劃沒有半途而廢，中間的拖延和重新思考，現在回看，都不算浪費。2008 年西九終於起動，離第一個場地開幕，還有十年，真正的實驗才剛剛開始。

文化規劃——劃一張大藍圖

我第一天在西九文化區管理局上班是 2010 年 6 月 20 日，我記得那日子，因為我在樓下拍了張照片。那時西九管理局借用了加路連山道舊運輸署大樓其中兩層作為臨時辦公室，地點鄰近保良局和南華體育會。白色的八層高大樓，很沉悶的設計，最有趣的空間是樓下的露天停車場，陽光充足，有很多漂亮的老樹，引來很多小鳥，生氣勃勃。我從未試過在這種舊式政府大樓上班，第一天新開始，值得拍張照片紀念。

我的崗位是表演藝術行政總監，負責有關表演藝術的一切事務，包括推動諮詢委員會建議的表演場館，第一期的十二個場地以及第二期的三個場地。

一般來說，一個劇院建築裡，不會只有一個表演廳，例如悉尼歌劇院內便有七個表演廳，香港體育館是例外，只有一個。諮詢委員會訂明的十五個場地，只有很概括的描述，

■ 西九文化區管理局的臨時辦公室，第一天上班（2006）

例如將包含多少個劇院和座位數量，至於劇院的具體功能，或一座建築裡要放多少個劇院，甚或放在西九哪一地段，均未有說明，那是西九文化區管理局的工作，即是我和團隊要做的工作。

隨後一年，團隊最主要的工作，是為表演場館決定藝術定位、場地組合、地段位置和先後次序。要做好這些工作，我要搞清楚對城市文化的認知、對香港文化發展的看法以及對文化區和文化場館的理念。這需要盡用我過去二十年的經驗和識見，而且要邊做邊學，在西九管理局工作的九年，及至我離開西九管理局後對城市文化的研究，我一直都在思考和累積有關的想法。

我認為城市文化存在於城市的不同角落裡。西九雖然叫作文化區，但它的性質基本上是一個藝術區——一個藝術活動密集的地區。有些城市的藝術區是自然生成的，例如倫敦西區和紐約百老匯戲劇區，也有些是規劃而成的，例如維也納的博物館區和阿布扎比的薩迪亞特島文化區。城市要規劃並建立一個文化區，是為了令藝術能集中地被看見，令城市變得有特色。藝術活動是動態的，令人注目的，而且能吸引很多人參與。大量藝術活動匯聚的藝術區，亦帶來一加一大於二的群聚效應，發揮更大效益，這些都是建立藝術區的原因。

我認為藝術區不可以只有藝術設施，不可以離開城市生活，一定要和城市生活連接和重疊，區內要有其他社區功能，包括商業和非商業的，例如辦公樓、學校、住宅、酒店、餐飲、零售、宗教、休閒設施、公園等等。只有藝術，而沒有與當地人生活緊密連繫的藝術區，往往沒有真實感，只是藝術的主題公園。

現代社會的藝術場地，代替了古代的教堂神廟，成為城市競相媲美的地標工程，愈大愈好。但真正和城市生活結合的藝術區，不可只靠單一大型場館，中小型場館非常重要，能帶來多元化的口味。一個蓬勃的文化環境，最重要是多元化，多元的形象和聲音，會帶來創意和更多的觀眾。容納多元化，是文化存在的意義。

因此，我希望西九文化區由多座大小不同的場館組成。各場館均要性格鮮明，與商業發展交錯並置。我認為文化區最有趣的空間，是場館外的公共空間，因為在這裡最能感受到多元的文化氛圍。公共空間要小心設計，普通人都覺得舒服，而不是覺得渺小，設計要人性化，讓不同觀眾、遊人及該區的居民能在這裡有多元化的，附有文化氣息的接觸。

香港本身已經有豐富多元的文化，藉著建立西九文化區，除了以上的目標，香港亦需要發展藝術市場，令文化區面向大眾。除了需要借助外來的節目，更需要培養本地的內容。另外，香港也需要更努力地保留記憶與發展傳統。文化區內既要有傳統，也要創新，有西方藝術，也有東方的內容。

這些理念，是那九年於西九管理局的工作裡，面對著資源緊張和時間急迫的情況下，不停計劃和變陣，學習和反思，並在與團隊及業界的互動中發展而成的。現實環境是最好的老師，是驗證理念最好的方法，沒有其他。

規劃方案

我參與的第一個工作，是選擇文化區的概念規劃方案（Concept Plan）。

政府於 2009 年邀請了三間設計公司，分別是英國團隊 Foster + Partners（Foster）、荷蘭團隊 OMA 和香港的許李嚴設計事務所，進行「概念規劃方案」設計比賽。概念規劃將會決定整個文化區的分區發展，不同分區的用途、發展密度、高度限制、車道、行人道、地庫、海濱、綠化以及公共空間的位置。整個文化區需要一套設計概念，去幫助並指引區內將來所有不同設施和功能的互相配合。

最後，西九管理局選了 Foster 的設計，這設計簡單直接，在西邊臨海最好景觀的地點，設置了一個大公園，把一整排藝術場地放在南邊海濱，地產發展項目則放在北邊，接近高鐵和圓方。中間有一條林蔭行人大道貫通西九的東西兩面，底層建一個巨大的綜合地庫，讓行車隧道和停車場連接藝術場館和西九的地產部分。這設計令西九的大部分地面不設車道，完全是步行區。雖然地庫會增加造價，但地面無車的概念是很大的亮點。

對於演藝場地來說，基於場館一定會分期興建，這個設

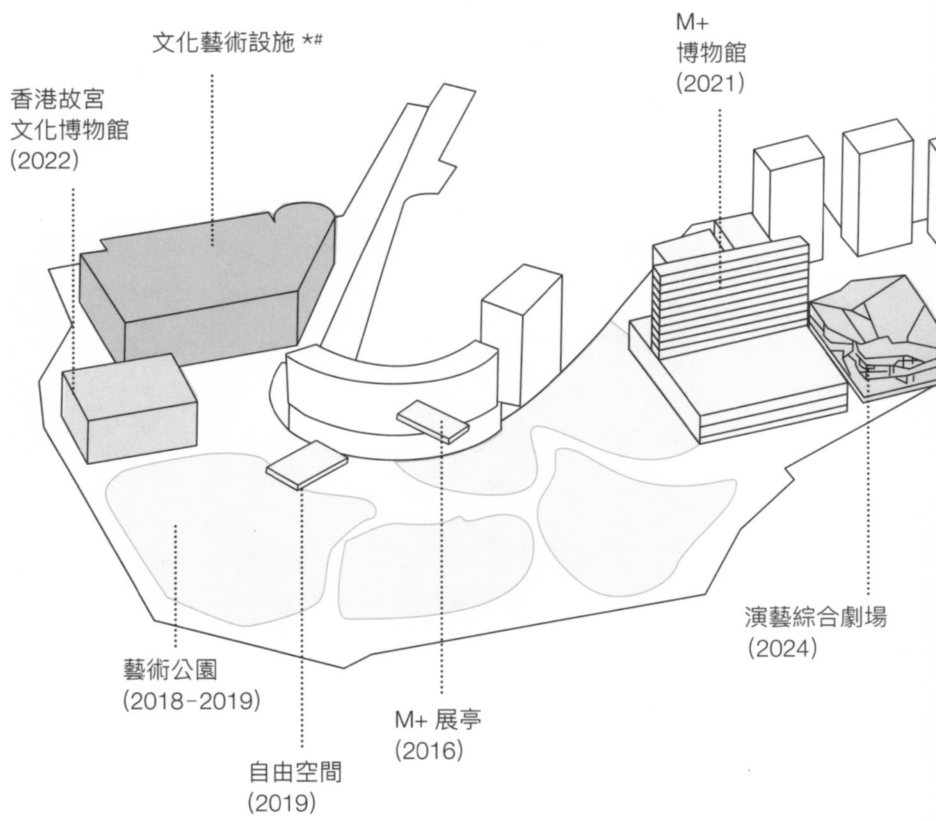
文化藝術設施 *#
香港故宮
文化博物館
(2022)
M+
博物館
(2021)
演藝綜合劇場
(2024)
藝術公園
(2018-2019)
M+ 展亭
(2016)
自由空間
(2019)

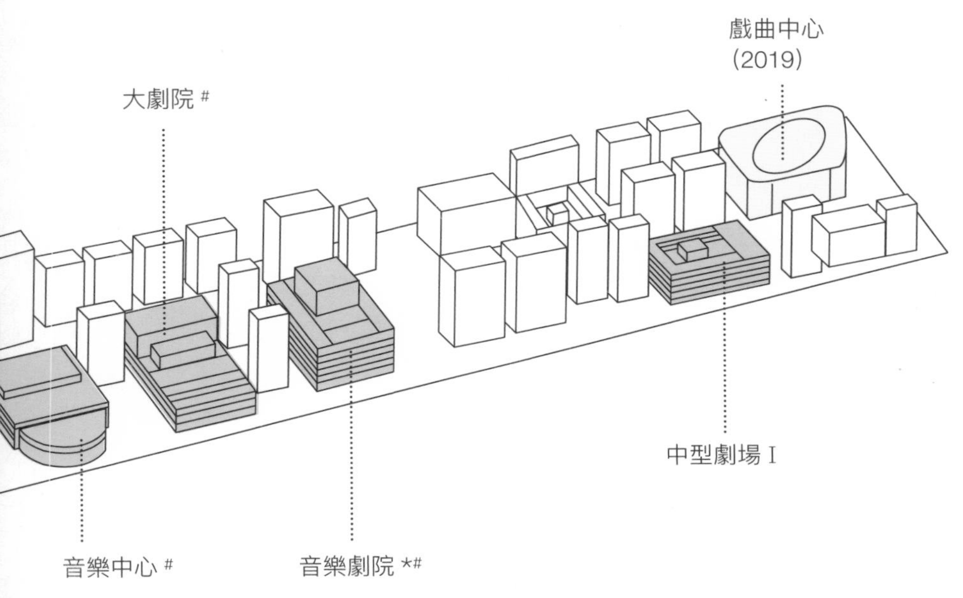

第一批設施
第二批設施
第三批設施

* 需視乎私營機構資金
\# 未來發展需再作研究

參考資料：立法會 CB(1)403/20-21(01) 號文件的附件一

計把場館一整排放在南邊海濱，將來有需要改變計劃時，場館位置便可以靈活轉變。事實上，數年後我們的確這樣做了。

選擇了 Foster 的規劃概念之後，我們和他們的團隊一起工作了兩個月，以調整規劃內容。我和同事的角色，是從文化營運的角度查看規劃設計的好處和壞處。我們要從表演團體、觀眾和公眾的角度，想像他們會否喜歡這些空間，或在不同狀況裡，他們會怎樣運用這些設施？例如我們把戲曲中心從文化區的中間位置移到最東邊的廣東道，令西九的東大門有一座標誌式建築，也令戲曲中心連接高鐵香港西九龍站、佐敦和尖沙咀，方便遊客和較年長的觀眾。又例如，我們把一個中型劇場和小劇場放在公園，將之定位成音樂和實驗演出場地，名為「自由空間」，令公園更有特色，將來在公園舉辦音樂節亦很方便。

位置決定了將來的人流，亦影響各設施的動工先後次序。西九文化區和高鐵香港西九龍站毗鄰，好處是會帶來很多人流，但高鐵建造期間，會佔用了西九的中央地段為工程之用，阻礙了開頭幾年的發展。亦因為西九管理局需要為綜合地庫向政府另外申請撥款，所以分成了三個地區興建，最先展開工程的地段只能是東西兩端，中央地段的場館，需等待下一階段才能開展。

我們最需要做的是在第一階段，藉著多個大小不同的場地、海濱、公園以及公共空間，營造出文化區的氛圍。面對不確定的預算以及土地發展的種種限制，經過密切諮詢業界，並在顧問公司的協助之下，我們建立了對文化區的願景，交出了一份演藝場館規劃方案。將於第一階段興建的核心表演場館，是戲曲中心、自由空間、當代表演中心、音樂中心、演藝劇場和一個中型劇場。

這六個場館，裡面共有十一個大小不同的表演廳，分佈在文化區東、西和中段，再加上公園、M+ 博物館和展覽中心，這樣子的西九，便有了文化區的格局了，應該能夠讓社會感受到文化區的氛圍，盡快取得社會的認同和更大的支持，去推進並完成整個文化區的建設。

規劃方案建議的每個設施，我們都與相關的藝術業界交流過，每個場館附有藝術定位、主要和次要用途、舞台技術要求、面積分配表、人流和通道示意圖，還有初步估價。西九管理局把這個場地藍圖放進發展規劃（Development Plan），交由香港城市規劃委員會批准，算是完成了一個階段，有了這些，便可以開始設計了。

這是我第一年的工作。

當然，變幻原是永恆。後來這個規劃的內容經歷不停修改，大至演藝劇場和當代表演中心及中型劇場結合成為演藝綜合劇場的決定，小如個別場館的座位數量。而西九於 2016 年得到政府支持新的財務方案，2017 年大型演出場地被取消，及後加入香港故宮文化博物館，亦令場地的組合不停轉變。

雖然經歷了這些變陣，於 2010 至 2011 年內發展而成的場地格局，隨著戲曲中心、自由空間和藝術公園的落成啟用、演藝綜合劇場的建造，以及開始規劃的音樂中心，已經逐步落實並開展。M+ 和香港故宮文化博物館於 2021 和 2022 年開幕後，我所期待的多元化藝術氛圍，已經在文化區公園一帶出現。

這時，距離 2001 年政府提出文化區的構思，已經過了二十二年，文化區和這個城市，一起蛻變。

戲曲中心大劇院由六條主要支柱支撐（2015）／謝至德攝

場館策劃——軟硬件的結合

相信很多熱愛藝術的人都曾經幻想過可以策劃一個新的場館。

我很幸運，在西九管理局工作的九年裡，我策劃過三個演藝場館。其中兩個，戲曲中心和自由空間，我是從頭至尾參與的，直到開幕。第三個演藝綜合劇場，我則負責策劃至場地完成設計，開始動工為止。

整個過程由思考場館的概念和需求開始，經歷選址、預算、設計、建造、內容策劃、設計管理架構、建立團隊、節目策劃、驗收場館、試營運，以及開幕。

這是個既複雜又非常有趣的過程，我既非建築師，也不是工程專家，過程中，有很多專業人士負責不同部分。我以前制定過藝術政策，營運過場館，對製作和推廣表演藝術都有經驗，令我能夠以將來營運者和使用者的角度，策劃這些演藝場館的細節。

總結經驗，我給予所有想要建場館的機構的建議是：從第一天，就要有專人從營運者和使用者的角度去參與場館的策劃。

有些場館的策劃方式會分成兩個階段，首先是硬件的規劃、設計和興建，接下來才策劃營運和開幕。兩個階段的預算和團隊都各自獨立，而且重疊的時間很短。這意味著具體的營運思考，是在興建場館後期才出現，這並不理想。

以酒店作比喻的話，每家酒店的地點、目標顧客群都相異，但酒店要有特色，就要有不同的風格，每個演藝場館，就像一間特色酒店，而且只會比之更複雜，必須從一開始便由營運者與設計師一同策劃、設計，有專人思考未來的營運方式，為將來的營運者和使用者發聲。

以下是設計表演場館的合理流程：

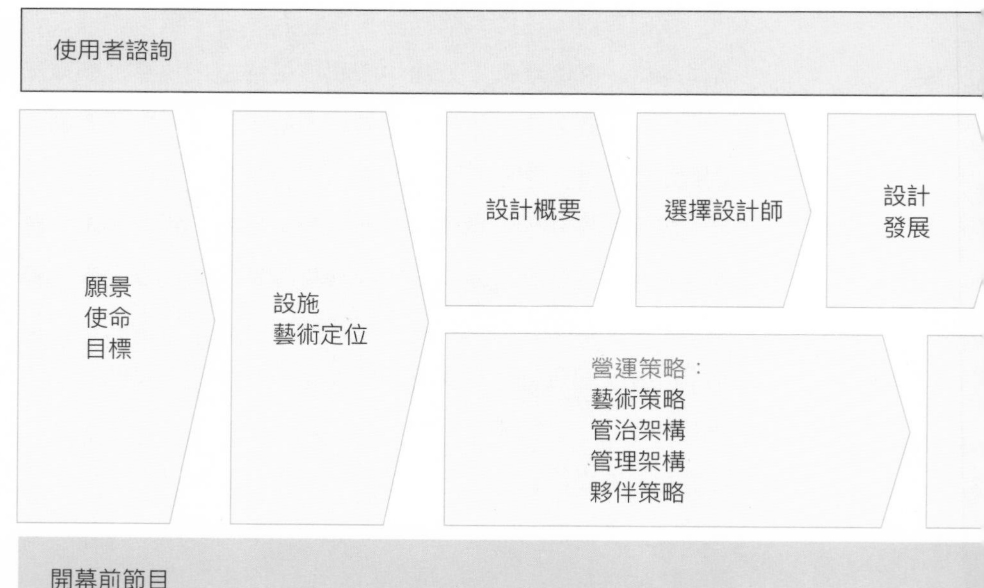

願景／使命／目標

「願景」是該場館長遠對社會的影響。「使命」是該場館的定位，「目標」是這場館要做哪些不同的工作。這三點代表了場館的「初心」，可讓社會大眾了解為甚麼要興建這新場館。在策劃的最初階段，經過與業界的溝通後，便應以簡潔易懂的文字寫下來。

藝術定位

這指向該場館主要服務哪種藝術、形式和社群，也就是場館的文化和藝術上的性格。我認為不論是甚麼場館，都應該有自己的藝術定位，而非以一句「多用途場地」去概括。

■ 作者 2011 年到日本「座・高円寺」劇場考察時，看到劇場的策劃流程圖，回來後便用來與業界人士溝通，此為修訂版本

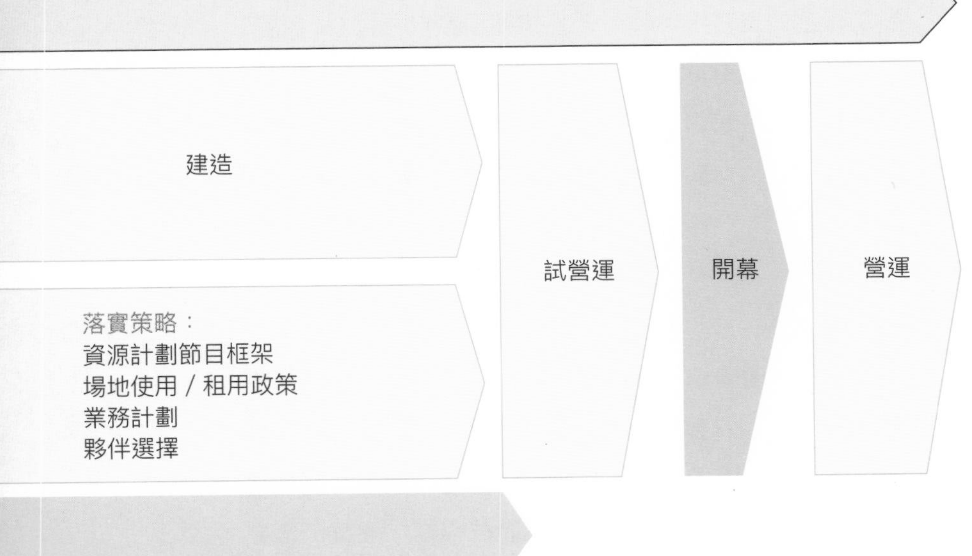

當然，擁有藝術定位，例如「戲曲中心」，並不等於不能演出舞蹈和音樂劇，場館可以設有主要和次要的藝術定位。戲曲中心的藝術定位令它在設計細節上為戲曲藝術創造出最佳的條件，在形象和節目上，亦帶出其特色。有了「藝術定位」的主次之分，才能給予設計師準確的方向，令設計更有內涵。

設計概要

「設計概要」是一份詳細列明設計要求的文件，有齊所有必需資料，例如場館內有多少個表演空間，它們適合哪種藝術類型，亦需列明座位數量、燈光、音響和隔音防震的要求。有多少間排練室、課室或前後台不同大小的房間？其他設施亦需一一考慮，例如餐廳、酒吧、貴賓室、停車場等，場館又能否滿足上貨或卸貨的要求，以及如何與附近的道路接駁，最重要的是總體樓面面積和預算完工日期，這些細節對財務和工作量的預算都很重要。

有了以上的資料，建築師才能夠開展設計。「設計概要」對選擇建築師亦大有幫助，無論是以設計比賽或者招標的方法去挑選建築師，都需要這份文件去確保業主和建築師一開始便有共識。所以，連業主希望這場館帶出甚麼「感覺」，期待它能吸引甚麼人，都應該包含在「設計概要」之中。

選擇設計師

西九擁有多個場館，曾經以不同形式去選擇建築師，例如「設計意向書」、「概念比賽」和「設計比賽」等等。值得留意的是，當中要選擇的並不是一個建築師，而是一整個建築設計團隊。以表演場館來說，在設計過程裡，建築師需要

■ 建築師譚秉榮主持戲曲中心設計發展工作坊（2014）

與「劇場設計顧問」和「劇場音響顧問」合作。這兩者的角色非常重要。

設計發展

這是我在西九的工作中最喜歡的過程。確定了建築師後，我們便一起開始將設計由零變成一百。在設計過程中，我以業主方的身份，也代表著將來的營運者和用家去參與設計，確保場館能達到最初訂下的藝術目標。同時，西九工程部的同事亦全程參與，以確保時間、預算和工程上的種種要求。

眾人雖然目標一致，但仍然需要反覆商討，經歷多方角力才能成事。我在整個過程中深切體會到，設計場館就是去做選擇——資金、時間和空間永遠不夠，世上沒有一個萬能的、適合所有用途的劇場，多用途劇場往往會變成沒一個用途發揮得好，各方不討好的劇場。設計是去不斷收窄選擇，歷盡痛苦、艱難的割捨、精密的計算，必要時甚至要狠心地推倒重來，才能突破困境。設計師和營運者需要密切的溝通和合作，在有限的資源中做出最艱難和最好的選擇。

建造

圖中「建造」這階段好像很短，事實上是很漫長的，歷時三、四年至七、八年。而工程開展之後，每天都要追趕進度，因為延遲工程等於超支。要注意的是，因為工程途中隨時會發生變化，需要改動設計。很多內部裝修的物料，或後台設備，也是在建造中段才會採購，以求能夠覓得最新的型號，所以，用家的參與在這階段仍很重要。

營運策略和落實策略

在策劃場館設計時，需要訂立營運策略，包括藝術策略，例如：這場地是以出租為主，抑或擁有駐場藝團，以自主製作為主呢？它以保存傳統為目標，抑或是實驗創新之地？不同的方向將對建築設計和空間佈局造成很大的差異。

管治和管理方面，它將會擁有獨立管治架構嗎？會否成立董事局，財務和人事架構是否自主？抑或隸屬一個更大的部門？財務方面，它需要有多少商業空間，預計有多少租金、節目、零售或餐飲收入？夥伴方面，它會不會與某些藝團長期合作？或與本地、內地和國際藝術機構結盟？這些策略或多或少都會影響到建築設計，不應在設計完成後才開始思考。

持份者接觸和暖場節目

現代的藝文場館，通常都是公共建築，意思是必須服務公眾和社區。在整個場館的策劃過程之中，需要持續地和各持份者接觸。除了邀請業界人士擔任專家顧問外，有時亦要以焦點小組、諮詢會和問卷方式去與他們溝通，而公眾則可透過暖場節目接觸。戲曲中心於 2019 年正式開幕，首個暖場節目「西九大戲棚」2012 年已經開始，而且每年以不同形式持續舉辦。當我們開幕時，整個團隊與業界和觀眾早已變得熟悉。

試營運和開幕

在圖表中可看到，整個場館的策劃過程，在願景和藝術定位後，分開了建築工程和藝術營運兩個平衡的工序，這兩個工序最後在試營運時匯聚一起。所謂「試營運」，就是硬件和軟件的磨合期，過程其實很長，甚至會在正式營運後繼續一段時間。戲曲中心雖然在節目管理和觀眾關係早有準備，但和場館磨合的試營運期不足一個月，這並不理想，導致磨合期延續到開幕之後幾個月仍在進行。

總括而言，這便是現代表演場館由策劃至開幕的流程，亦是我策劃過三個場館後的經驗總結。我在西九管理局工作的九年時間裡，其中大部分時間是同時策劃三個場館，三個流程以不同的節奏同時進行。現在回看起來，好像很複雜，但當時身在其中，解決一道一道難題，開展每個新的項目時，以這圖表的方式思考，便很容易找出不同項目之間的關聯性，知道每個場館願景和短期目標，了解到硬件和軟件、建築和藝術內容、場館和藝術家的關係，以及與觀眾和社會的關係，知道自己站在哪裡，正在往甚麼方向前進，不致感到迷失。

活的遺產——從西九大戲棚開始

第一次踏入戲棚，是 2011 年。

我在香港出生長大，於藝術界工作二十多年，從未踏足這個香港獨有的傳統表演場地。我是在城市工廠區長大的孩子，亦沒有參與過粵劇的工作，我見過戲棚，但不覺得與我有關。在我的印象中，戲棚是鄉愿節慶，演神功戲的，與我的藝術世界沒有交疊。

直至 2010 年，我加入西九管理局工作，第一個要策劃的場地是戲曲中心。我曾去劇場欣賞過不同戲曲節目，在藝發局工作時，亦一直與粵劇界接觸，但要為香港建立一個戲曲中心，要怎樣做？心裡實在沒有底。

傳統戲棚

2011 年 5 月，有天我去西貢跟朋友吃晚飯，經過正在演天后誕神功戲的戲棚。那棚真大，佔據了整個露天停車場，對正天后廟。老遠便聽到鑼鼓響，周圍有閃亮的花牌，走近看到旁邊的攤檔，賣著小吃汽水、玩具和飾物。小孩子可興奮了，跑來跑去，大人們都來湊熱鬧。戲棚已滿座，都是鄉親街坊，我和其他人站在觀眾席後面。那是我第一次看棚戲，感覺非常震撼。第一個衝擊是，原來戲棚是如此宏偉的表演空間，連企位可能近一千人。高尖的棚頂，縱橫交錯的竹結構，竟令人有崇高提升的感覺。第二，演員和觀眾接近，視線良好，觀眾席是微微傾斜的。

這個傳統戲棚，從任何現代劇場的角度看，都是一個很好的表演空間。它和我熟悉的劇場相似，但又完全不同，這地方有很大的親和力，與觀眾沒有隔膜，大家都輕鬆自在。從表演的角度看，神功戲是戲劇裡最自然、最合理、最能和生活結合的表演形式。那晚我很感動，拍了很多照片。站在戲棚，我突然想到，或者在這裡我能夠找到一個切入點，把西九文化區要建的戲曲中心，與香港人連接起來。原來戲曲一直用這種方式，與普羅大眾的生活融合在一起，只是我不知道。

中國傳統戲曲就是有這一面，和民間信仰、鄉村節日和市集結合，充滿熱鬧的煙火氣。而香港因為歷史原因，把傳統鄉村的這種社會結構，在都市發展的過程中保留下來。至今仍有數百條「認可鄉村」，不少鄉村仍然保留著節慶演戲的傳統，每年搭建戲棚，邀請戲班演出，但隨著鄉郊的都市化，鄉村和戲棚都在逐漸消失。

這完全是從民間傳承並發展的文化，政府唯一的支持，是讓它繼續發生。文化裡的四種元素：信念和價值觀、日常生活風格、藝術和創造以及記憶和傳統，都完全融入了香港的

戲棚文化裡。和粵劇一樣，棚戲是我們一直忽略了的瑰寶。我想，如果有一天香港失落了戲棚這傳統，就算建成了美輪美奐的戲曲中心，又有甚麼意思？

　　而我，又可以做些甚麼？

■ 西九大戲棚（2013）

西九大戲棚

剛巧西九正想開展一些讓大眾參與的活動，我們立即開始籌劃，在 2012 年農曆新年舉辦了「西九大戲棚」。那是西九拖延十幾年後第一個大型藝術活動，地點是將來戲曲中心的位置。這安排深具象徵意義，它同時是西九團隊與粵劇界第一次的合作，為了建立往後的長期合作，一切都小心翼翼。

我的目的很簡單，那就是讓香港市民知道，我們正在建設的文化區，是會珍惜和保留本土文化的。半年之後，當我看到一個傳統大戲棚原汁原味地矗立在滿街商廈、名店林立的尖沙咀廣東道，我知道這次做對了。我們邀請了香港八和會館安排，由大老倌演了五天六場熱鬧開心的廣東大戲，作為西九第一個獻給香港觀眾的節目，門票只收十元，來看戲的都是一般粵劇戲迷。我們也請戲曲中心的建築師譚秉榮（Bing Thom）來看戲，他自小離開香港到加拿大，這是他第一次看見港式大戲棚，對這個傳統驚嘆不已，興奮得爬上竹棚上面。到最後一場演出完謝幕，汪明荃主席把米高峯交給我，我對滿場觀眾說：幾年之後我們會在這裡建好一個戲曲中心，你們說好不好？

「好！」

第二年，我們想做一些嘗試，看看是否可把大戲棚的概念向前推，變成藝術節。首先是加長了演期，由首年只演一周，變成演三周十四場，票價加至 150 元。內容除了粵劇，也擴大至舞蹈、音樂和無伴奏合唱，另外加設了一個熱熱鬧鬧的市集。戲曲中心當時正在設計當中，我們用竹搭建了一個展廳，展出戲曲中心的設計，亦首次邀請設計師林偉而改良戲棚設計，後來該作品更獲得年度設計大獎。

紅紅火火的三個星期，前來參觀的人數超過十萬，其中很大部分，相信是從未接觸過粵劇和戲棚的香港人。這一年的西九大戲棚，是一個既傳統又現代，以戲棚為中心的文化節日，重現了傳統戲劇在市集廟會中的作用。這是傳統戲曲在走向精緻化、高雅化之餘的另一路向，也是戲曲中心將來可以走的路。

從這一年，我知道我們一定要珍惜香港粵劇的這種煙火氣，將來的戲曲中心，需要預留地方去定期舉辦市集，過時過節，中秋元宵，也可以搭一個熱熱鬧鬧的戲棚。戲曲中心的設計是把大劇院升高，騰出地面的空間，形成一個很大的中庭，連同大樓周邊的空地，正正可以重現這次西九大戲棚的氣氛。

第三年是 2014 年。由於戲曲中心已經動工，我們把大戲棚搬到較為偏遠的海邊，找來建築師馮永基在戲棚外設計一個圓形廣場。再過三年，戲曲中心就要開幕，所以該年的野心是，希望向觀眾呈現戲曲中心將來的藝術方向。我們邀請了毛俊輝老師擔任藝術策劃，他為大戲棚策劃了四個星期的節目，首星期是中國戲劇梅花獎藝術團帶來的四場京、昆、越和地方劇種的折子戲專場，這是粵劇以外的劇種第一次踏足香港戲棚；第二、三個星期是四齣八場的經典粵劇，包括極少演出的傳統戲《斬二王》。這三周的劇目和陣容，絕非一般能在戲棚看到的，節目最高票價高達 280 元，亦已是大劇院的水平；第四個星期，有兩場粵劇新星展演，它是一個公開的粵劇比賽，旨在鼓勵新生代粵劇演員的進步。

在這四個星期的節目裡，我們清楚地展示文化交流、本地經典和藝術傳承三大方向，其實亦是 2019 年戲曲中心開幕年節目季的預演。我們打開了和內地戲曲界合作的大門，也向本地粵劇界清楚表明我們對藝術傳承，培育下一代新人的承擔。運作方面，我們把西九大戲棚由節慶式嘉年華會的運作模式，變成劇院式運作。四周戲曲演出後，更有四周的話劇《南海十三郎》接力。這個 850 位的大戲棚總共連演兩個月，是香港棚戲的大突破。

這三年的西九大戲棚，既是戲曲中心團隊首次接觸將來的觀眾，也是與將來的用家首次合作的機會，同時，亦有助我們的設計過程。我們把香港式戲棚演出，從我在西貢看到的神功戲，放諸現代城市生活的脈絡中。無論在地點、設計、藝術方向、節目內容、觀眾、票價、形象或運作模式，都有大幅度的轉變。回看這過程，最大的成就是把戲棚文化這個香港獨有的表演傳統，重新放回大眾的焦點中。同時，我們花了三年時間，從戲曲業界和觀眾身上，學習傳統戲曲行業的藝術和智慧，再在戲棚裡實踐。我們開始有信心繼續深化探索，於是開始開展下一個階段——粵劇新星計劃和茶館劇場的試演。

這便是戲棚和戲曲中心的故事。香港的戲棚文化影響了戲曲中心的設計，引導了我們訂立這場館的願景。城市文化不斷變遷，我們明白，戲曲中心無論將來有多成功，都不能代替香港傳統戲棚，也改變不了傳統戲棚逐漸式微的命運，但我們仍然想做點事。在 2017 年，我們邀請紀錄片導演卓翔，拍攝了一齣紀錄片《戲棚》，作為戲曲中心的開幕獻禮，也將戲棚這種富香港特色的文化遺產，保留在電影之中。

驚濤駭浪——設計戲曲中心

　　在現代城市裡，公共藝術場館不再只有演出、展覽、創作和訓練等藝術功能，它們往往也是城市的地標，是人們聚集、建立身份認同的地方，代表這城市的信念和價值觀、生活方式以及記憶和傳統。

　　這些場館和它們的種種文化意義，是怎樣建立出來的？

為甚麼有戲曲中心？

　　2006 年，西九文化區「推倒重來」，政府重新諮詢業界對場地的要求，我參加了表演藝術與旅遊小組，當時剛好碰到新光戲院第一次面臨停業的危機。新光戲院是最後一間私營的粵劇場地，代表了曾經盛極一時的粵劇行業，終於完全被社會的商業化打垮。粵劇界四出奔走籌措，希望新光戲院能繼續經營。最後，新光的業主答應讓新光續租三年，而粵劇界爭取永久場地的期望，在社會上得到很大回響，大家的目光望向重新規劃的西九文化區。顧問小組亦很支持這個想法，所以在建議的十五個場地中，有了戲曲中心，而由一開始，這已經是「戲曲中心」而非「粵劇中心」，也非「戲曲劇場」，小組期望這場館能包括各個戲曲劇種，除演出外，也有教育、發展和交流等功能。

在 Foster 於 2011 年勝出的規劃方案中，戲曲中心位處文化區的中間地段。當時新光戲院前途仍未明朗，粵劇界希望戲曲中心能盡快完成，而且地點愈近佐敦油麻地這些舊區愈好。我們與業界商討後，建議把它移到西九最東的位置，地點是廣東道與柯士甸道交界，這地皮因為鄰近高鐵工程，面積有限制，雖然只有窄窄的海景，應該適合戲曲中心的要求。這塊地，也是全區最快能動工的地點。

除此之外，把戲曲中心設為西九第一個場館，有其他好處：第一，當時香港社會處於身份認同的爭議之中，社會在本土化和內地化兩個趨勢之間分裂。戲曲中心的本質，既是保育本土文化，又扮演與整個中國戲曲大家庭接軌的角色，能夠得到社會大眾的支持。第二，作為最本土的藝術形式，粵劇亦於 2009 年獲列入聯合國教科文組織非物質文化遺產，把戲曲中心設為西九第一個場地，非常有意義。第三，我們相信若果一個地方能好好地傳承傳統文化，一定能啟發現代藝術。戲曲中心做得好，對香港的舞蹈、音樂、戲劇的創作都有長遠好處。故此，在最後的發展規劃裡，西九管理局把戲曲中心放到了現在這位置，並成為第一個興建的場地。

確立目標列明要求

在 2012 年初，我們開始準備戲曲中心的設計比賽。首先要做的，是一份設計概要（Design Brief）。經過與業界溝通後，我們為戲曲中心定下了三個藝術目標：提高水準、拓展觀眾和促進交流。

這三點，其實直接應對著當時粵劇界面臨的問題。香港粵劇過去長期在缺乏政府的支持下，為了控制成本，已經發展成自由組合而成的「埋班制」（隨不同演出自由組合的戲班制度），亦即沒有全職劇團。但戲曲始終是講究每天練功，長期排練的藝術，這種臨時組合的制度，長此下來，一定會影響水準，導致更多觀眾流失。政府雖然在回歸後開始提供補助，保住演出的數量，但整體格局仍未能扭轉。我們和業界都同意，在設計戲曲中心的時候，要令戲曲中心成為扭轉形勢的契機。

在這前提下，我們在設計概要列明，除了有殿堂級的大劇院和吸引新觀眾的茶館劇場外，戲曲中心還需要有演講廳和用作創作和訓練的多個排練室、課室，更要預留空間，以便將來可擴建一個中型劇場。這個場館，應該鼓勵業界提高水準，拓展新觀眾，促進與其他界別的交流。我那時想，要是香港將來要成立一個香港粵劇團，戲曲中心要有足夠設施，成為這個團的家。

我們給建築師的設計要求列明：一，這建築將會是西九文化區的東大門，要有門戶的感覺。二，這位置是交通要塞，人流交匯之處，應該比一般文化場館有更多商店和餐廳，但同時要平衡餐飲零售與藝術場地的形象。三，戲曲是傳統藝術，但我們身處廿一世紀，中心的設計要有當代感覺。音響方面，我們希望劇院的設計能解決粵劇在鑼鼓和管弦樂音量不平衡，也就是鑼鼓太吵的問題。最後也希望劇院能以原音

(accoustic）和擴音（amplified）兩種模式運作。另外，為了和香港戲曲傳統呼應，我們要求在中庭預留空間，以便將來可以臨時搭建一個小型戲棚。這些設計要求，是我們和業界深入討論的共識。

評審的兩難

作為西九的「東大門」，戲曲中心決定通過國際比賽的方式選擇設計方案。我們首先向全球公開徵集數個有實力的設計團隊參與，安排他們前來香港與戲曲界溝通，充分了解設計要求之後，把他們提交的設計方案，交給一個由西九管理局、戲曲專家和建築專家組成的評審團作決定。這是一個氣氛緊張的過程，藝術場館是一種功能複雜的建築，外形會影響內部功能，功能也能影響外形，兩者同樣重要。評審團最後作出選擇時，需要兼顧兩者，當兩者有矛盾時，就要作出取捨。評審團選擇的是整體設計概念，一旦選定，就沒有回頭路了。設計的完整性受到尊重和保護，這是設計比賽的精神。而一經公佈，公眾立即會從外形去判定他們是否喜歡這設計。

五個最後決選的設計，基本上都回應了我們在設計概要列出的所有要求。

評審過程其中一個最關鍵的討論，是大劇院應該放在地面，抑或把它升高。五個決選設計中，有三個選擇把劇院升高。後來有人說，把大劇院升高是要隔開地鐵的震動，其實是誤解。真正的原因是，如果劇院放在地面，就會佔用了大部分地面空間，後台和前台大堂會非常局促，戲曲中心也就成不了西九文化區東面的門庭了。

■ 戲曲中心工人在中庭植樹（2018）／謝至德攝

最後，評審團選擇了由譚秉榮建築事務所（BTA）和呂元祥建築師事務所（RLP）合作的設計。這設計的劇場設計最好，後台空間足夠，動線順暢和合理，劇場前台高大漂亮，能見到海景。這設計亦把劇院升高，騰出了地面空間。雖然是個破格的設計，而且會增加成本，但整體的空間感非常通暢，製造了一個宏偉寬大的中庭，非常吸引。半開放式的設計，亦令訪客從廣東道行近時，感覺到這是一個打開門迎客的寶盒。

從城市文化的角度看，這個中庭為戲曲中心增加了一個公共空間，就像一個有蓋的文化廣場，連接著西鐵站、高鐵站、官涌和廣東道購物區。這個中庭可供舉辦年宵市集、中秋燈會、大型展覽、戶外演出等活動，吸引一般不看戲曲的市民來看熱鬧，把戲曲和中華文化，以及市民的日常生活風格接通，亦能重現香港戲棚文化的精神，非常接地氣。

在往後一兩年為戲曲中心壓縮成本的艱難過程中，我有時會想起 2012 年評審設計那星期。如果當時我們選了一個把劇院放在地面的設計，會不會順利得多？2016 年譚秉榮先生在香港猝逝後，我也想，如果他沒在比賽勝出，他或可在溫哥華安享晚年。但 2019 年戲曲中心開幕時，我又慶幸當年選擇了這麼困難的設計，令我們有了真正地標式的戲曲中心，譚先生亦在他的出生地，留下一個紀念碑般的作品。

命名風波

作為西九文化區首個場地，戲曲中心公佈設計，是 2012 年底的一件大事。我們早已經預計大眾會對它那現代風格的建築外形持不同意見，意想不到的是，帶來最多批評的，竟是戲曲中心的命名。

「戲曲」的外文翻譯，其實相當混亂，一般有三個選擇，包括 Xiqu、Chinese Opera 和 Chinese Traditional Theatre。三者都有人採用，但我認為就場地命名而言，Xiqu 最好。Chinese Opera 沿用多年，但不準確，因為戲曲不是中文歌劇，日常使用沒大問題，但作為戲曲中心的命名，不夠嚴謹；Chinese Traditional Theatre 是準確的，作為名字都尚可接受，但累贅；Xiqu 雖是漢語拼音，不容易讀，但卻是學術界愈來愈普遍的選擇，隨著內地近年戲曲復興，我相信 Xiqu 將會普及起來，被世界接受。

以 Xiqu Centre 為英文名字，是早於 2006 年西九文化區重新諮詢時，每次都會沿用的。直至 2012 年底公佈設計後，才引來很多不滿意見，其中最大的批評，是認為這翻譯「大陸化」，這種社會政治氣氛的轉變，絕非我們在 2006 年定下這名字時能預計的。

在暴風雨般的壓力中，這名字不單止在媒體和網上被質疑，連西九管理局內部都有不同意見。幸好，戲曲界和一些學術界人士一直支持這名字，令我們抵住了壓力，沒有看風轉舵。後來質疑的聲音漸散，戲曲中心最後以 Xiqu Centre 的命名開幕。名字是一輩子的事，定下來後，就有自己的能量，它不被風雨改變，一日復一日，它會改變風雨。

設計過程

戲曲中心的設計由加拿大的 BTA 和香港的 RLP 合作。領導設計過程的是譚秉榮先生，他於香港出生，九歲移民到加拿大，在那裡成為著名建築師。他大半生在加拿大，主要講英文，但也能說流利廣東話，說話不慍不火，很有耐性和親和力。他是一個強勢的設計師，風格是平和地執著，微笑地堅持。贏得戲曲中心設計比賽之際，他已超過七十歲，這是他回歸香港的第一件作品。

我去過他設計的溫哥華英屬哥倫比亞大學的陳氏演藝中心（Chan Centre for the Performing Arts），以及他負責改建的華盛頓圓形舞台劇場（Arena Stage）參觀，他的設計氣度恢宏而不霸道，有種優雅細膩，令人感到舒服。戲曲中心能由他負責設計，是香港的幸運。

我會形容戲曲中心設計的落實，是一個「先加後減」的過程。我們先在設計比賽中選擇了這個高難度的設計，到落實設計時，因預算不能增加，唯有用減法去精簡設計，務求能夠在預算內完成。

不幸的是，那數年正是香港和內地的建造高峯期，建造成本不斷飆升。設計團隊和我們，天天在預算的限制中修正設計。每花完一星期修正後，成本預算又再上漲，因而又要再次修改設計，過程非常痛苦。

在這過程中被減走了的，是一些商店、餐飲空間和排練室，以及一層地庫停車場。每個決定都經過一番爭論，我當然希望保住所有功能，但最後仍要放棄。儘管很痛苦，我仍慶幸在這過程中，有關設施的加減去留，設計師和西九團隊都跟粵劇界代表們解釋得很清楚。

另一個關於「減」的選擇，與劇場的音響質素有關。從一開始，我們都知道當今大多數戲曲演出都需要擴音，但我們仍然要求戲曲中心的音響設計，要做到兼容擴音演出和原音演出。這樣的表演廳，造價比只做擴音演出的場地要高得多，要讓一個擁有一千個座位的劇院做到高質素的原音演出，需在建築結構、防震和隔音、設計和物料方面花很多工夫，劇院牆壁亦需要有可裝可拆的吸音幕，才能兩者兼容。

我們和粵劇界專家代表討論，得出的決定是：這個劇院一定比我們、比所有今天的戲曲從業員活得久，我們不能以今天的戲曲要求去設想五十年後的戲曲要求。而且隔音和防震，牽涉到建築的內部結構，設計時減走了，以後便無法再加回。所以，我們當時的選擇是：不減，要保持最高的音響質素。

這「減」與「不減」的過程，亦令我們再三自問，究竟最需要的是甚麼？設計場館，總要作出取捨。一個空間能靈活地有多種用途當然好，但這樣的設計，結果往往是沒有一種用途發揮得好。設計工作坊的過程是這樣的，十數個不同的專家、顧問和設計師圍著一張大桌子，上面有模型和設計圖，大家一起解決問題，有想法便即時畫出來。Bing 常常轉頭望向我問：這空間你們將來要怎樣用？他不停地要求我去思考清楚，這些不同用途包括甚麼，哪一個才是核心用途？

很多關於未來場地運作的具體想法，都是在這個階段，在 Bing 的逼問中成形的。例如茶館的定位是提供茶的劇場，而非提供演出的餐廳，茶館和酒樓及紀念品店相鄰，中間以門打通。茶館將用作長演的營運模式等，都與空間設計有莫大關係，是與場館的設計一起發展並落實的。所以，在設計場館時，營運負責人一定要已經就位，全程參與。場館的營運方式千變萬化，沒有一個專家、顧問或設計師可以代替營運方做選擇。營運方並不代表自己，而是代表著將來不同的使用者。

作為營運負責人，我雖然很喜歡這個設計，但亦擔心這個沒有大門的戲曲中心營運時將面對的問題。半露天的中庭，遇到打風落雨會怎樣？暴動示威又怎辦？夏天會否很熱，冬天會不會太冷？白天會不會太多人流？晚上會不會有人露宿？由於這設計是全香港前所未有的，可想而知，每個人，包括我，都會質疑是否行得通。過程中，Bing 當年受到各方面質疑，他都一一耐心回應，和氣地堅持，希望大家信任這個設計。他與設計團隊的壓力有多大，又是多麼有理說不清和難過，我無法想像，也不敢想像。

在整個修改設計的過程，其實所有人都超大壓力，在好幾次會議中，不知道出路，大家都望向 Bing，他每次都說，我們回去再想，再想想。

到最後，在 Bing 的領導下，設計問題一個個被解決。最後一次和 Bing 見面，是前往新界一個戶外工場，看外牆鋁板的裝置示範。我和 Bing 在車上討論戲曲中心外牆上那八塊巨大的燈箱要佈置甚麼圖案，各有看法，最後未有結論。沒料到數個月後，Bing 於 2016 年在香港工作中突然中風過世，享年七十五歲。

在 Bing 過世之後，餘下的工作由他的團隊完成。沒有了他的堅持，爭論少了，那八塊大燈箱的設計圖案也依照我們的想法完成了，但我總覺得那不是最好的方案。而戲曲中心的工程，最後亦於驚濤駭浪中抵達終點。它於 2018 年 12 月底試營運，2019 年 1 月開幕。這場館超出了香港所有演藝場館的水平，氣度不凡。之前所有對設計的憂慮，後來都證實不是問題，Bing 是對的。每次我逛戲曲中心，當年與 Bing 爭論的記憶會在腦海重播。我終於懂得欣賞他的堅持，戲曲中

■ 建築師譚秉榮爬上西九大戲棚（2013）

心的大門和中庭，我百看不厭。能演出的劇院多的是，漂亮的劇院卻少之又少。這樣恢宏大氣的空間，在香港是一個奇蹟，我們要求功能，建築師賦予神韻。

他離世時，我來不及道別。他不在了，我才發覺我們連張合照都沒有。手上只有一張他爬上戲棚的照片。

真希望他仍在，每次我去戲曲中心，都有很多話想跟他說，繼續與他爭論。我想告訴他：「我終於明白了，這是一個很美麗的建築，而且完全合用。」

他會微笑著說：「我一早告訴你了。」

創造傳統——茶館劇場的故事

每次分享「城市如何文化」講座，到最後我都交給觀眾四條問題：

- 我的信念是甚麼？
- 我做的事情有否回應人們的基本需要？
- 我有沒有創新？
- 我有否保存記憶？有否建立傳統？

我相信，只要認真回應這四條問題，每個人都能對這城市的文化作出貢獻。回顧戲曲中心茶館劇場的策劃至完成，其實也在回應這四條問題。

緣起

2009 年 11 月，我於藝發局工作，率領一個香港藝術界的考察團去長江三角。在蘇州太平天國忠王府裡，我第一次看到傳統中式劇場。傳統中式大宅是一群連接起來的房子，

■ 蘇州忠王府古戲台（2009）

這個家庭式老劇場，就在其中一個房子裡。一走進去，只見觀眾區是平的，舞台高約一米，是個正正方方的凸出式舞台，完全沒有布幕，演員從台後左右兩扇門出場，正是所謂的「出將入相」。視覺上，這是一個方正的空間，充滿著直線和框框，房子是一個框，台面是框，台上三面也是框。

我知道中式劇場是這樣的，但親身看到還是第一次。雖然觀戲多年，仍然被那氣場懾住了。這劇場的觀演關係是如此接近，如此獨特，又如此合理。我一下子便明白以前中國人是怎樣看戲的，傳統戲曲幾百年來是在怎樣的環境下生出來的，《紅樓夢》裡賈母生辰，請戲班前來家裡演戲是怎麼一回事。

更令我震撼的是，這個演出空間，以現代眼光去看，亦完全成立，能演出現代戲劇。它不是現代黑盒子式的小劇場，它有種端端正正的透明感，完全不能依靠燈光佈景，演員只可靠自己的技藝說故事。事實上，倫敦的莎士比亞環球劇場裡，有一個仿十七世紀的室內劇場，也是類似的風格。

那天與忠王府劇場的邂逅，我只能用刺激去形容。我原本負責帶團參觀，但所有團員都離開了，我仍不捨得走，興奮得很。那時我想，如果有機會加入西九文化區，我要建一個這樣的劇場。

那天是 2009 年 11 月。七個月後，2010 年 6 月，我加入了西九管理局。

設計茶館

忠王府之後，我一直對這個古戲台帶給我的震撼和啟發念念不忘。2011 年，當我們開始策劃戲曲中心時，我和同事努力研究中式劇場的特色。由於戲曲中心的大劇院有 1100 座位，它的舞台形式無疑是西式鏡框式設計，茶館劇場將會是戲曲中心內唯一的中式劇場，給予觀眾中式劇場的體驗，但中式劇場究竟是甚麼，建築師不會為我們解答，作為戲曲中心的策劃團隊，我們要自己尋找答案。

策劃茶館劇場的時候，除了忠王府，我們亦參觀了北京的正乙祠戲樓、湖廣會館、恭王府大戲棚和天津廣東會館。這些都是清末民初建的古戲樓，建築裝飾華麗古典，代表了這時期的美學和戲曲的盛況，但我們新建的劇場不能模仿，只能萃取這些劇場的空間比例以及觀眾和演出的關係，學習「中式劇場」是怎麼一回事，再找尋一種適合戲曲中心的呈現方式。

在這過程中我們認識到，空間的「方」和「正」很重要，要有一條中軸線。凸出式舞台，把演出推向觀眾，令演出空間看起來有深度和層次，兩邊可有小量觀眾。觀眾席是平的，仰視台上的演出，帝王將相，仰視比俯視顯得好看，傳統戲曲說的「高台教化」就是這個意思。但完全平放的觀眾席會導致後排觀眾看不到戲，為了照顧視線，正乙祠戲樓把最後兩排觀眾席升高了，我們也要採用這設計。

比較難決定的是台口的兩根柱子，一般傳統戲樓都有，是裝飾也是結構所需，如果採用，會帶出傳統風味，同時卻會阻擋視線。最後我們決定，將整個舞台設計成可組合裝拆，高度可調校，標準高度是 1050mm，柱子、橫幅和背景都是佈景，隨演出設計增減。

我們亦嘗試找尋屬於香港的茶館經驗，二十世紀中，粵曲茶座曾經盛極一時，但近年已經式微，我們翻查資料，也去過廟街、澳門、廣州，找尋線索和靈感，但找到的都是歌伶演出的茶座，像王家衛《一代宗師》裡大南茶室那幕，不是演戲的劇場，兩者相當不同。我們帶建築師譚秉榮先生和他的團隊去香港公園茶具文物館的樂茶軒喝茶聽曲，感受一下氣氛。樂茶軒主人葉榮枝先生提供了很多意見，非常感謝。我們去過新開的北京皇家糧倉，看他們如何以餐飲配合演出，也去了台北市士敏廳的臺北戲棚，看他們長演的作品。最多香港人去過的北京老舍茶館，當然也看過。

詳細的考察，是為了作決定時有充足信心。畢竟這個劇場並不是粵劇界主動要求的，他們認為根本不需要一個百多座位的小劇場，以粵劇界的運作模式，座位數量太少了。茶館劇場和它經營演出的方式，是我提出的想法，需要做足功課，才能說服戲曲業界接受這構思。

茶館劇場的主要目標觀眾是一般很少看戲曲的香港市民

■ 茶館劇場「粵・樂・茶韻」(2019)

和遊客。為了幫助觀眾欣賞，演出將設有中英文字幕，由於座位有限，我們採取固定劇目，長期演出的營運方針，節目由戲曲中心製作，吸引新觀眾。所有化妝室與後台設施，都依這方向設計。按這樣的定位，我們把戲曲中心的紀念品店設於茶館劇場旁邊，觀眾出口與店相連，讓觀眾看完演出後去逛逛。

這也是一個一邊看戲一邊享用茶點的劇場，讓觀眾有不一樣的體驗，亦和戲曲傳統呼應。設計期間，我與業界和建築師闡釋得很清楚，它是個可以飲食的劇場，而非有演出看的餐廳，要以演出為主，茶點為次。茶館劇場的目標是拓展觀眾，觀劇的功能比飲食重要。決定了藝術方向之後，空間、節目、桌椅、牌照申請等，都不可三心兩意。原本設計時，這場地只叫茶館，2015 年後，才落實作茶館劇場，我們要清楚它的定位是劇場，絕不是以演出伴餐的地方。

有了定位，就要考慮餐飲供應。我們傾向招待簡單的茶和點心，但茶要熱，點心要新鮮衛生，因此，在我們的設計中，劇場與旁邊酒樓的廚房相連接，由酒樓提供餐飲。

既然是劇場，音響亦很重要。這麼小的場地，可以不需擴音，但戲曲，尤其是粵劇，在室內演出時往往有人聲和樂器聲、敲擊和弦樂的音量平衡問題，需要運用擴音調校，我們亦因此細心地設計了音響系統。此外，這是一個全木質的劇場，為避免聲音反射，建築師巧妙地在樂隊位置的牆內藏了吸音物料，令最後出來的聲音效果非常理想。

即使是 150 個座位的椅子，我們也反覆挑選了兩年，最終選用了一款西班牙製的木椅，高雅又時尚。桌子與椅子配成一套，於香港訂製，桌面有凹槽用作放杯子，不易打翻。樓座的椅子則特別設計成固定旋轉座椅，可調校高度。

為了讓設計團隊了解整個策劃構思，亦為了測試可行性，我們於 2014、2015、2017 年在香港演藝學院歌劇院的舞台上搭建了一比一的茶館劇場，邀請演藝青年粵劇團合作試演，為所有設計和營運細節，進行實驗和測試。

定了藝術方向，才做設計，是劇場設計的關鍵。而成敗，就在於細節和執行。

茶館新星劇團

所有劇場，大概有三種節目營運的方式。第一是自製節目，第二是邀請節目，第三是場地出租。茶館劇場選擇的方向是第一種，將會是全港唯一擁有長駐劇團的劇場，營運方式是每星期有數天可供出租，每到周末便由茶館新星劇團演出，佔全年八九成的日子。另外，每年有數星期邀請外來節目演出。

劇團由戲曲中心成立，邀請了大老倌羅家英任藝術統籌，戲曲主管鍾珍珍任監製，二十多個團員均經過遴選組成，包括樂師、演員、後台工作人員。全部採用合約制，最長一年，短則數月，團員都是年輕一代的粵劇人。近年，有不少「九〇後」投身粵劇舞台，當中有畢業自演藝學院的，也有經八和粵劇學院所訓練的。在香港這個商業社會，追求藝術的人已經是少數，投身粵劇更是少之又少，這班年輕人，每人都有自己的故事。

為了準備組織這個劇團，我們從 2015 至 2017 年，製作了四次「粵劇新星展」，全都由羅家英先生當藝術統籌，他的江湖地位不容質疑，亦真心熱愛培育年輕人，是我們的定海神針。在這四次演出中，西九團隊學習戲行規矩，結合現代舞台製作理念，從預算、演員合約、排練、服裝管理以至後台管理制度，慢慢整合出一套自己的方式。

香港從來沒有一個由政府支持的香港粵劇劇團，所有劇團都是民間戲班，以商業模式運作，一年演出幾次，靈活組合，遊走於神誕廟會、文娛中心和文化場地之間。茶館新星劇團是一個實驗，由戲曲中心營運，沒有先例，只能邊做邊學。

尋找這一代觀眾

2015 年，我們進行了一次戲曲觀眾調查，發現近八成觀眾都是女性，而且年齡是六十歲以上，年紀大，看戲資歷亦老，新觀眾和年輕觀眾不到兩成。這意味著現在的戲曲觀眾將會隨著年紀而集體流失。在十年內，若沒有新觀眾加入，戲曲觀眾將會大量減少，因而影響整個行業的生計。基於這份調查，我們決定把戲曲中心的空間和觀眾分為四層。頂層是大劇院，用來吸引戲迷，下面一層是教育和排練層，用來提升觀眾的水準，地面的中庭用來吸引不看戲的一般市民。我們將茶館劇場的定位設定為吸引平時不看粵劇的觀眾，他們可以是二、三十歲的年輕人或者四、五十歲的中年人。吸引他們的，也許是戲曲的故事和細緻的表演，也可能是茶館劇場精緻優雅的氛圍，或戲曲與香茶點心的結合，他們甚至可能被漂亮俊俏的新星吸引。

由於目標是新觀眾，我們將節目長度定為九十分鐘，包括兩段折子戲，一文一武；兩段音樂演奏，一段古腔粵曲，開場更有一段南音。新觀眾就是好奇的觀眾，這樣的節目像是一晚的入門導賞，各種各樣都可輕嚐一點。如果每人離場時喜歡當中兩節，感到其餘兩節普通，或兩節不喜歡，我們認為已算是成功。

雖然只有九十分鐘，但中場休息是重要的，有十五分鐘讓觀眾聊聊感受，拍拍照，輕鬆地享受。既是新觀眾，司儀講解就很重要。

新觀眾不一定是年輕人。很多人到了四十歲才開始對古典音樂有興趣，有了人生經驗，才開始懂得欣賞歌劇。同樣，傳統戲曲的新觀眾除了年輕人，很多是中年人。能否設計一套節目，讓各種年齡背景的人都喜歡？我們第一套節目是「粵・樂・茶韻」，演了 120 場後，我們才轉第二套節目，方向一樣，但曲目劇目不同。為了宣傳的一致性，仍然叫「粵・樂・茶韻」，加了一個副題為「滋味人間」。

因為是長演，票價定了就不能常改，我們刻意定得高一點，堂座 $318，樓座 $368。這定價高，才顯得矜貴，二是可以隨市場反應，靈活地以折扣推廣。結果，我們開始營運了五個月，演了 120 場，入座率達九成以上，大部分是本地觀眾，遊客只佔其百分之十，很多人是兩代一起前來。中年加老年，也有中年加少年。

除了公眾場，我們的目標觀眾也包括學生和遊客。感謝陳廷驊基金會的支持，讓我們可於每星期安排兩場學生下午場。此外，亦有企業和社團包場，例如國際金融論壇要求我們特別演一場給他們的嘉賓看。

我跟監製鍾珍珍說，我們的目標觀眾是平時不看粵劇的人，亦即全港人口的百分之九十五，這班人裡假如有十分之一前來看戲，也能坐滿 4600 場，是個很大很大的藍海！

十年過來，從於蘇州邂逅老劇場，到夢想成真建成了茶館劇場，由對古劇場的好奇，到雄心壯志地在這裡培養新一代的粵劇明星和觀眾，其中的轉折，可說很多，也可說沒有甚麼改變過。

但是人生啊，要做成一件事，有時真的需要十年。何況，要重新為這個城市建立看戲喝茶的文化，這只是個開始。

誰的空間——藝術公園的意義

每次去西九藝術公園，都感覺神奇。西九藝術公園是自 2018 年起逐步正式開放的，自 2019 年開始，它漸漸成為香港其中一個最受歡迎的戶外活動空間。新冠疫情令很多室內活動取消，反而令這個位於西九西端的海濱公園更加吸引。每到周末，它都充滿了遊人，很多人並非前來參加藝術活動，甚至不一定會光顧餐廳，只是來這裡逛逛，在海邊坐坐，不少人帶備小帳篷，與朋友野餐，看看海港，看看遊人，和小狗玩，消磨半天。公園本身夠大，景觀太好，對這些遊人來說，旁邊的劇場和博物館，間中出現的街頭表演都像是公園的陪襯。香港人來這裡多了，慢慢會覺得這片天，這個日落，這個美麗的城市，是屬於自己的。優質的公共空間帶來歸屬感，我認為這就是藝術公園對香港社會最大的意義。

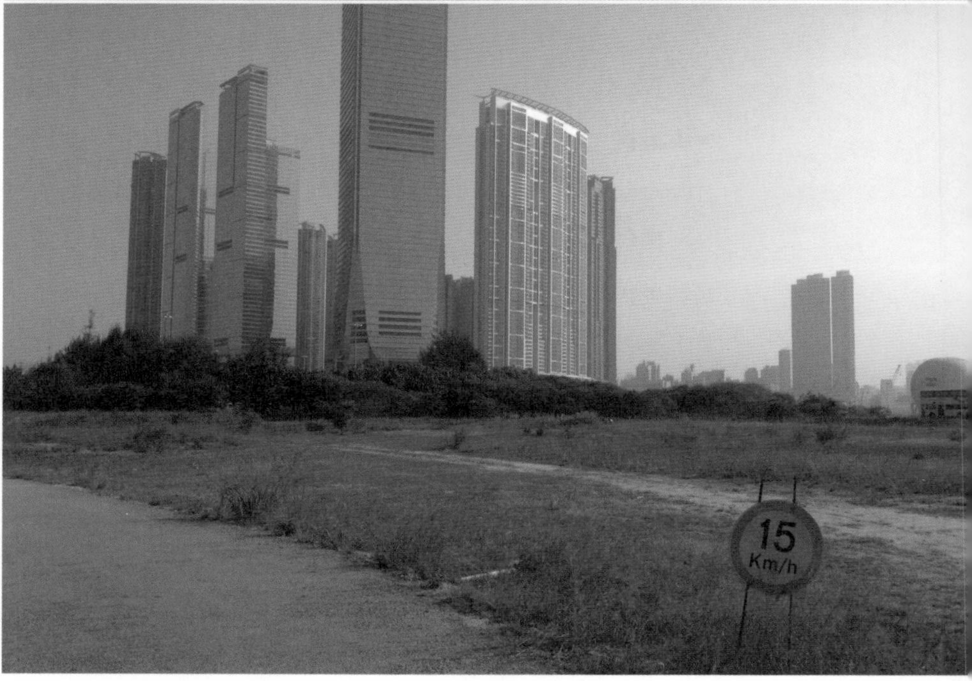

■ 西九藝術公園動工前（2011）

我每次來到都感覺神奇，是因為想起第一次踏足西九的畫面。

2001 年我在香港藝術中心工作，社會上正為西九文化區剛公佈的天幕設計討論得沸沸揚揚。有一晚，我想查探這個未來的文化區的正確位置，便試著前往。那時候西九已經完成填海工程，仍是荒地一片，寸草不生，有些路燈，四周全是鬆鬆散散的爛泥頭。部分地方臨時劃成供大貨車和旅遊巴士停泊之用，而我很明顯是非法進入。

在昏暗的燈光下，好不容易找到路走向海邊，我整個人呆住了，在這片爛泥地上，我看見一個完全未見過的香港。那海景非常奇妙，左邊是東面的繁華鬧市，從中環至銅鑼灣，全是高樓和燈光，右邊則看到西營盤至堅尼地城西邊寧靜的海港，遠目更可見到大嶼山。活在香港數十年，我從未以這個角度看過香港，繁華和寧靜，商業和大自然各有一半，美得無話可說。那時手邊沒有相機，但那夜見到的景象，那心情，到現在還清楚記得。站在那裡，我不太相信，這片昂貴美麗的土地，真的會用來發展文化嗎？這對香港人來說，太不可思議了。

空間，從來都是香港最寶貴的資源，也是最賺錢的商品。近二百年的發展，香港一直是以土地換取繁榮。在這城市裡，土地有價，而且是世界數一數二的天價。到了新千禧年，香港人已經習慣了這套價值觀，最好的土地，具歷史價值的建築，遲早會變成商品，這是我首次踏入西九的感受。那次我非法闖入的另一個發現，是原來已有一班人在海邊釣魚。當大家猶在爭論得面紅耳熱，有些市民已經自己前來享用這地方。那時我思索，如果有天這地方真的變成文化區，這海旁會變成怎樣？會否保留一片大空地，讓人自由地看日落、野餐和釣魚？這裡可否不建大樓，讓人舉行戶外音樂節？2001 年的香港，仍然未建立起戶外音樂節的文化，一般人對音樂會的概念，仍只停留香港體育館那種形式。當時的我渴望知道，假如西九真的在海邊建成一個大公園，香港人會怎樣使用這空間？他們是否真的能夠免費享用這裡？繼續在這裡釣魚？

我認為，西九文化區計劃的種種爭議，並不只屬於藝術範疇，而是和 1997 年回歸後香港人的歸屬感，以及對文化保育的態度有關。1998 年政府動議發展西九，原本只是單純地回應表演場地不足的訴求，後來這想法擴展成由地產發展主導的文化區，企圖用文化旅遊和城市品牌的方法，突破以往香港文化場地營運的模式。政府當時未必意料到這計劃會碰到回歸後香港人信念和價值觀的大轉變。

1998 年亞洲金融風暴，令香港經濟只升不跌的幻想破滅，「搵錢至上」的價值觀第一次受到懷疑。後來幾年社會上對於「地產霸權」、「中環價值」的討論，加上同期關於灣仔囍帖街發展的爭議，中區警署、天星碼頭和皇后碼頭的保育事件，以及後來有關時代廣場公共空間誰屬的事件，都引起社區保育、歷史建築和城市空間使用的討論。這些種種，結合成回歸後首十年，香港人對於文化、歸屬感、記憶和歷史價值觀念上的大轉向，政府、商界、文化界和一般市民大眾對西九的態度，亦在這十年裡跟著改變。就是在這樣的背景下，西九由地產發展主導的項目，180 度轉變成為政府主導，並在最終的規劃裡，將整塊四十公頃土地的一半以上闢為公眾休憩用地，西九的藝術公園，就是這樣誕生的。

城市的文化如何構成？經由城市的信念和價值觀、日常生活風格、藝術和創造，以及記憶和傳統糅合而成。西九文化區曲折的發展和命運，實在是時代面貌的反映。當我們回顧西九的發展過程，亦同時見證了香港社會文化的轉變，而在西九藝術公園，我們看到最實在的例子。

相比起二十二年前我站在這裡時感到的荒涼和虛幻，現已開幕的西九藝術公園顯得像個奇蹟。每次我走進這公園，看到一邊是全港最高的國際金融中心，另一邊看見市民享受這自由的空間，再看看那些仍然在海岸釣魚的人，我便知道，這空間得以保存和建立，建基於香港社會二十年來對文化、保育和公共空間的長期討論和互動。這種討論和互動的精神，我們要繼續下去。

■ 西九藝術公園（2023）

規範自由——藝術公園的自由與限制

城市文化令我著迷的原因，是人與人之間的密集接觸和交流。在參與文化區建設期間，我最期待的並非藝術場館，而是區內的公共空間。場館內將會發生甚麼事，我們能夠預計，但在開放的公共空間如藝術公園，誰會前來，市民會如何使用內裡的空間，園內將會產生哪種文化氛圍，是我們設計時未能預料的。

經歷十年的討論和爭議，當西九文化區最終於 2008 年落實並得到立法會撥款，管理局於 2009 到 2011 年期間，展開了為期二十五個月、三階段的公眾諮詢。收到的意見中，市民對於西九要建一個海濱公園是最大的共識。同一間設計公司，Foster + Partners 在 2001 和 2010 年分別為西九呈上了兩套設計概念，前者那二十層樓高的巨型天幕令社會爭議不斷，後者喚作「城市中的公園」，以森林般的公園為主角，為他們贏得了比賽。可想而知，公園是多麼受歡迎。

公園定位

繼戲曲中心和 M+ 之後，西九於 2012 年已開始設計公園。首要解決的問題是，我們不知道公園將由哪個部門營運。與前兩個場地不同，公園並沒有單一負責的部門，園內的園景、通道、餐飲、設施管理、活動等功能，分散在不同部門裡，而在 2012 年，這些部門仍未成形。因此，設計公園時，基本上沒有總負責部門去代表將來公園的用家。最終，由於公園裡將有一個表演場地「自由空間」，表演藝術部亦要求有一片大草地作戶外演出，在公園的設計過程中，我們的團隊便負責與設計團隊溝通，彷彿成了用家代表。我從沒想像過，職業生涯裡會參與設計一個這麼重要的公園，這是一個神奇的過程。

我們的首要任務，是確立公園的定位，我們的看法是，西九的公園位處城市中心，而非深山裡，它的設計應該以滿足市民的戶外活動為主。我們早已設想，這是一個適合舉辦大型活動如音樂節的公園。不過我們亦很清楚，大型活動不能天天舉辦，香港適合戶外活動的天氣，一年不足六個月。我們希望平日亦有市民前來公園從事各種活動，例如觀賞花草、騎單車、運動、野餐、放狗、露營或放風箏等。我們聘請了世界一流的公園設計團隊——荷蘭的 West 8 負責設計。這家公司的創辦人 Adriaan Geuze 認為公園在城市裡的角色，是城市的「解藥」，所有「城市病」如擠迫、封閉、緊張、防範，在公園裡都應該得到解放。

在設計過程中，我理解到公園的空間不應只有單一用途，不同功能和用途有時可互相重疊，公園的不同使用者會自然地找到共存共融的方式。例如，我們是否應該分開行人路和單車徑？分開可確保安全，但會令路面收窄，會否更危險？最終，我們選擇不清楚地劃分兩者，讓路面盡量開闊，讓不同的使用者多留意他人，互相包容。

自由野

要放任，抑或干預？要自由，抑或管理？這是設計公園時天天都要思考的兩難。幸運的是，我們可從實踐中學習解決這些疑問。自 2012 年 12 月起，我們開始在這塊將要興建公園的空地上舉辦活動，首三年每年一次，名為「自由野」(Freespace Fest)；2015 年開始，改成每年由 9 月至翌年 3 月每月舉辦，並把這項歷時一至兩天的活動改名為「自由約」(Freespace Happening)。在這些活動中，我們有幾個目標：第一，這一系列以「自由」為名的節目，將為 2019 年開幕的場地「自由空間」建立品牌形象；第二，在仍未動工前，率先培養一批熱愛前來西九享受戶外文化的市民，建立他們的西九記憶；第三，我們要了解這個地方。

想要「自由」，首先要認識「限制」。透過這些活動，在正式開始設計公園前，我們已經熟悉這裡每季每月的氣溫變化，風勢風向，颱風的影響，積水的問題，哪裡是欣賞日落的最佳位置，能不能看到煙花？甚或大型音樂節的電力需求、人流抵達和疏散等等。這些知識有助設計時作出不同考慮。噪音令人最頭痛，揚聲器角度如擺放得不好，隨時會影響大角咀區的住宅以及對岸西環海邊的公園。我們最後得出了結論：大型音樂會的揚聲器，只可面向西邊大嶼山的方向，公園裡的大草地，正是按著這原則去設計。

透過辦了三屆，每屆均有數萬人參與的「自由野」，我們

■ 自由空間落成（2019）／陳惠明攝

收集了足夠的資料和數據，幫助我們同步設計公園。除了累積到在這裡舉辦大型活動的經驗，我們亦培養了一班喜愛參與戶外活動的觀眾。最重要的，是我們藉著「自由野」建立了「自由空間」這場地的精神和風格。以臨時活動輔助場館設計的手法，是從設計戲曲中心的經驗中發展而成的。雖然公園和自由空間要到 2019 年才開幕，這漫長的臨時活動階段，仍是非常值得。

戶外同樂

除了我們自己籌辦的活動，影響公園的設計過程最深的，其實是「Clockenflap 音樂及藝術節」（Clockenflap）。早於 2010 年，在我加入西九管理局不久後，Clockenflap 的主辦方已經提出在西九舉辦音樂節的建議。當時，沒人聽過這單位的怪異名稱，他們亦只曾經在數碼港辦過兩次小型音樂節，但發起人都是真心熱愛音樂的，亦熟悉外國音樂節，很有商業頭腦。

雖然當時的西九只有沿海一小部分開放為海濱長廊，其餘是一大片亂草爛地，他們仍然希望能夠使用這場地。我建議第一年先作小規模試辦，並且免費入場，明年才全面進行，收取門票費用，他們接納了這構思。自 2011 年到 2015 年，每逢 12 月左右，Clockenflap 都在西九發生，並且愈做愈大，僅僅一個周末的入場人數高達三萬多人，藝術上和商業上都取得成功，引起海外注目。數年內，Clockenflap 由一個無人懂得唸的名字，成為了一件香港盛事和品牌。

Clockenflap 成功的經驗，同樣給予我們不少有助設計的數據，如票價組合、噪音、人流、交通、空間運用等等。他們在市場運作、商業贊助方面非常進取，在在證明了只要有適當場地，香港的市場其實已經成熟，絕對足以支持國際級的音樂節。後來，2016 年公園動工，Clockenflap 移師到中環舉行。

在西九文化區的規劃中，我們原本計劃了在公園建一個戶外舞台，以供舉辦大型音樂會，但參考了自由野和 Clockenflap 的經驗，並去過外地考察後，我們改變了想法。永久性的大型舞台，每年可能最多只用二、三十天，其他日子經歷日曬雨淋，將成為維修上的負擔。而且每個音樂節針對舞台的大小和設計，都有不一樣的需求，再者，永久性舞台會限制了公園將來的用途。我們最終決定暫緩搭建永久性舞台的想法，待開幕後幾年再考慮。

那數年的活動，帶來了數以十萬的人流，塑造了一般市民對公園的期望。人們對這些活動和這片地方喜歡到一個程度，甚至令到有些人寧願我們不要動工，讓這片空地保持原狀就好。他們認為，無論多好的設計，都會對未來的使用者帶來限制，一大片空地已是最自由的狀態。就連合作夥伴Clockenflap，也不希望我們在公園增加太多新功能，作為音樂節主辦方，他們寧願我們只保留一片大空地，提供基本電力、廁所、道路和排水功能，其他設施，他們寧願自己準備。但若真的如此，那就不是一個公園了，又何需設計？一個開放空間和一個美麗的公園，這兩者有矛盾嗎？如果有，能否通過設計解決？

自由與限制

West 8 是世界級的設計師，秉承了荷蘭優良的設計風格和態度，他們真誠聆聽、創新務實、注重細節，交出了一個簡單美麗的方案：整個公園基本上是平的，視覺上焦點落在面向維多利亞港（維港）那邊，像一條絲帶般的一層高觀景走廊，令遊人可以遠眺維港，也可察看下方海濱長廊的活動。觀景走廊下設有一列餐廳和咖啡店，亦有避雨遮蔭的長椅。海邊沒有香港常見的圍欄，只有一列延綿不斷的矮石櫈，這樣的設計並不危險，因為跨出去是一段石壆，作為接觸到海面的緩衝。這設計把管理和限制，隱藏在設計之中。

在公園的策劃過程中，我理解到在文化項目中，如何平衡自由和限制，街頭表演計劃便是一個好例子。香港從來都是一個對街頭表演不友善的城市，欠缺相關的法規支持。街頭表演往往在噪音、行乞、阻街、小販等條例中，以各種原因被扼殺。在這樣的情況下，作為場地管理者，我們唯有自行制定一套指引，並親自執行。

首先，我們蒐集了世界各大城市的相關計劃，發現原來大部分城市，都用發牌制度去規管街頭表演。發牌制度的精神，是要平衡表演自由和街頭演出的種種限制。例如表演地點彼此不能太靠近，不可以鬥大聲，不應該長期佔用，應該顧及旁人的感受，先協商，後投訴。我們以這精神制定了一套詳盡的街頭表演指引，表演時間很自由，另外針對表演長度、地點、人數、音量、打賞、售賣產品詳列了建議，唯獨對內容和水準沒有限制，只需現場示範表演一次，即可獲發一年牌照。

有些藝人表明他們不會申請牌照，因為這有違街頭表演的精神，他們認為街頭表演像塗鴉，如被建制容納，便等於失去了核心價值。這想法我們明白而且也欣賞。但在我眼中，建制和非建制並非兩個非黑即白的立場，我們在實際操作中，要在兩個極端之間找到自己的位置。西九的街頭表演制度，是香港首例，直至我 2019 年離開前，已經實行了三年，非常順利，接納了一百多個申請，讓表演者和環境能夠和諧共存。誰可以說這種有限制的自由，不是自由？

從 2012 年開始構思，一邊設計，一邊舉辦臨時活動，西九藝術公園於 2019 年開幕後，碰上歷時三年全球性的疫情，令香港市民更需要這個地方。西九藝術公園的景色、設計、節目和管理方式，都令它立即成為人們最喜愛的地方之一。

現今回顧，從城市文化的角度看，這個獨一無二的公園，在這十年之間，協助建立了一種香港的戶外文化。這種文化包含了對自由和限制的信念和價值觀，展現了在公園進行各種活動時的禮貌和風格，亦有藝術和創造，最後，它包含了人們對這地方的記憶。

城市文化，就是這樣建立起來。

■ 自由野 2012

■ 西九藝術公園（2023）

自由空間——公園裡的表演場地

設計藝術場館，不只有設計比賽這方式，自由空間是西九第二個演藝場館，有了戲曲中心的經驗，它走的是另外一條路徑。

2011 年，西九選定了 Foster + Partners「城市中的公園」規劃設計，整個設計的亮點，是文化區西邊臨海的大公園。我與同事商量，在公園裡可以有怎樣的藝術活動？結果在與 Foster 的設計師討論並落實方案時，我們提出要求，希望把一個中小型表演場館放在公園裡。一般而言，公園的活動在日間發生，表演活動在夜間；公園是戶外空間，表演場地是戶內。我們相信把兩者放在一起，會產生很有趣的互動，令公園更有藝術特色，但該叫甚麼名字，才能形容這場館的個性？

命名自由空間

剛好那時我們每天都在計算不同場地的建造費，常常問工程部同事有沒有剩下來未被使用的面積（free space）。我突然想到，何不叫做「Freespace 自由空間」？藝術公園裡的藝術場館，根本就應該是一個自由的空間嘛！結果，雖然大家仍未知道這場館是甚麼，它是圓還是方？將以音樂抑或是劇場為定位？是前衛抑或流行？就已經先定下了「自由空間」這名字。這名字有一種年輕、創意、大膽、跨界的感覺，大家都喜歡。雖然這些想法仍需依靠設計和將來的節目中體現，但單憑「自由空間」這名字，已經讓大家產生很多幻想。

開始時，自由空間就是一張白紙，任由大家去塑造。反正設計還未開始，我們便嘗試以臨時活動去找尋這個新場地的定位。我們選擇先舉辦戶外節目，因為自由空間是公園中的表演場地，它和公園是分不開的。我們希望這個公園一開始就和自由空間緊密地連在一起，這解釋了前文提及的三屆「自由野」和「自由約」的誕生。

那是我們第一次舉辦大型戶外藝術節，連續三天，集中地進行大大小小不同的音樂會、戲劇和舞蹈表演、文學朗讀、電影放映、雜耍、市集、甚至空中演出等節目。我很喜歡「自由野」這名字，當時西九仍是片爛地，基本設施欠奉，有點野外的氣氛，但同時有一種初生的能量，根本就是一片「自由野」。這些周末活動的觀眾大多是年輕人，他們從機場鐵路九龍站繞一大段路前來，很多人是第一次來到西九，第一次以這角度看維多利亞港，第一次參加戶外藝術節。西九讓他們看到一個新香港，我完全能感受觀眾興奮的心情。

事實上，2012 年是香港戶外演出大爆發的一年。在四個月內，除了自由野，西九更有 Clockenflap 和「文藝復興音樂節」，非常熱鬧。當時香港仍然未流行戶外藝術節，有些人仍然認為香港人早被空調寵慣了，覺得戶外太熱、太冷、太乾、太濕、太曬、太大風，又有蟲蟻和沙塵，而且戶外活動常被投訴噪音太大。有太多藉口讓香港人不喜歡戶外，但這些看法在那幾年漸漸改變。這些活動證明了只要有適合的場地，適合的季節，再加上好的節目，香港人是會喜歡上戶外藝術活動的，香港可以擁有自己的戶外文化。

大盒與音樂盒

如果戲曲中心是由藝術種類定位的場館，自由空間就是以性格去定位的，它的性格就是不拘一格的自由。雖然如此，在這個場館裡，音樂有著很突出的角色。從一開始，我們已希望自由空間有一個演奏現場音樂的場館（Live House）。我們認為自由空間必須與公園在藝術上密切地連接，而音樂就是連接的關鍵。

在香港的法例裡，民營演出場地的審批非常嚴格，很難將一所工廈或者舊房子改裝為演出場地。當其他亞洲城市都大力發展現場音樂場館之際，香港的音樂文化只能在體育館和錄音媒介上生存。所以，自由空間最開始的規劃便是一個以音樂為主的場地，包括一個容納九百人站著欣賞演出的現場音樂館，以及一個可供音樂演出的酒吧，名為音樂盒（Music Box）。在自由空間旁邊，是將用來舉辦可供過萬人參與的大型活動的大草坪。當大草坪進行大型音樂會時，自由空間可成為輔助設施，或當整個公園要舉辦大型藝術節時，自由空間可成為活動中心。

後來，大概是 2011 左右，當開始策劃自由空間時，因為財務、土地程序和工程種種原因，我們仍未知道第三個演藝場館將會是哪一個，以及何時才能動工，我們必須變陣，調整自由空間的功能，讓它的 Live House 變成既能作音樂演出，也能演戲劇和舞蹈的劇場，名字改作大盒（The Box），希望讓西九剛開始運作時，除了戲曲中心外，也有一個現代表演場地。音樂盒則維持音樂酒吧的功能，名字改成 Live House。這轉變既增加了這場館的功能，亦令它的體積增加，不過後來導致了設計過程中的一些難題。

這個公園中的場館概念，就是這樣形成了。它臨近維多利亞港，是一個白天和夜晚，戶外和戶內並重，以音樂為主的場地，旁邊是一大草地，可辦大型音樂節，但它也是個劇場，可供當代戲劇舞蹈和多媒體演出。雖然規模不大，但獨當一面，這將會是一個性格獨特的場館。

設計過程

設計自由空間的心態和方式與設計戲曲中心完全不同。戲曲中心一早定位為地標式建築，以設計比賽的方式選定概念設計（Concept Design）。選定之後，我們作為場館管理者開始與建築師商討方案設計（Schematic Design）和細節設計（Detailed Design）。意思是，作為場地營運者，我們不參與概念設計的生成，這也是設計比賽往往能產生形態獨特的建築的原因。

自由空間採用了另一種形式，先通過招標找到設計師（劉榮廣伍振民建築師有限公司），接下來設計師與我們一起商討設計方向和需要。即是說，場地營運者從開始就參與整個概念設計。

相比起戲曲中心，自由空間的設計要求較為簡單：室外和大草地相連，外牆需有投影的功能。室內有一個容納 450 人的多功能黑盒劇場，拿走座位後，則可變成容納 900 個站立位的音樂場館，加上兼具 Live House 功能，能坐一百人的酒吧，還有中型和小型排練室、票房、辦公室、洗手間和儲藏室，務求做到麻雀雖小五臟俱全。這建築的設計難度，在於要與公園的景觀和功能融合，而且預算非常少，大概只有戲曲中心的八分之一。

自由空間的「大盒」，是全港最大的黑盒式劇場。其他城市通常都有一些由舊廠房改成的空間，可容納一些大型的演出和裝置，香港一直欠缺這類空間。我們對自由空間的大盒有很大期望，希望它能吸引一些需要在非傳統劇場演出的外來製作，例如當代馬戲。大盒要夠大夠高，才能夠為專業的製作提供最大的靈活性，其演出空間的長闊高是 30 米 x 20 米 x 10 米。基於這原因，自由空間免不了會成為公園中一座十多米高的大建築，阻擋公園部分視線和動線。如何令自由空間看來小巧一點，在視覺上變得與公園更融合，一直是我們煩惱的問題。

由於預算實在有限，我們不能把土地挖深，把自由空間沉進地下。我們與設計師商討後得出的第一個方案，是把 Live House 從主體建築拆開，放在一邊，以一小片天篷連接兩個建築。這做法可令自由空間看起來矮一些，同時增加了一個有蓋空間，可全天候舉辦戶外演出和市集，增加與公園功能的連結。大家對這設計都滿意，但後來經過工程和成本計算，我們發現預算根本不足。結果工作了數個月後，又回到了起點，令人氣餒。

功能決定外形

那時候，我們面對很大壓力，在高度上、預算上，要把黑盒劇場縮小。我們作出了一些讓步，把黑盒劇場的演出高度由十二米降低至十米，但仍然不夠，再不縮小可能就要整個砍掉。我頂不住了，想妥協，再三跟技術團隊討論，或許同事們也受夠了，拍枱對我說：「Louis，不能再矮了！」是的，再矮下去，就變成一個無甚特色的劇場。因為這一拍，我們硬是頂住了壓力，堅持劇場的高度。所以，現在的大盒夠大夠高，實在要感謝我們的技術團隊。

關於與公園的融合，還有一點值得一提，這與要不要把大盒設計成可向公園打開有關。能把一個大型的黑盒劇場向公園打開，固然非常吸引，但另一方面的考慮，是公園將會常常舉行活動，如果大盒的牆壁能向公園打開，就必定會影響隔音功能。我們要保證將來當公園大草地舉行流行音樂會時，大盒內仍可舉行安靜的講座。在與音響顧問商量過後，我們決定不要冒這個險。

最後，建築團隊把設計歸零，與工程團隊及我們的演藝團隊一起重新構思，審視每個空間，保留所有功能，減去無用的裝飾，能簡約就簡約，把建築成本減到最低。我們把 Live House 重新放回主體建築，再巧妙地把公園的草地造成一段斜坡，延伸至一樓的排練室，令整個建築看起來矮一點，成為現在的設計方案，那是 2014 年。

最後終於達標了，我可以說，這設計是在預算範圍內做到最大，最合理，最合乎功能要求的最好的設計，以功能決定外形。而在這些限制之中，我們找到了一種功能主導的簡約風格，我很喜歡這設計過程，有種在困境中突圍而出的滿足感。

今天回看，其實自由空間和戲曲中心在策劃理念上也有一脈相承的地方，兩個場館的核心場地，都同樣被一個公共空間和一個有餐飲提供的小場地包圍著。戲曲中心的是中庭和茶館劇場，自由空間的則是公園和 Live House。兩者理念其實一樣，藝術場館要親民，首先應有公共空間讓市民隨意接近，讓他們首先在小場地有輕鬆的體驗，再去核心場地欣賞節目。而沒有甚麼比位處劇院門口，開放式的酒吧更能代表自由空間的氣氛和精神了。在大盒看完演出，可在「留白」Live House 呷一杯酒，聽音樂，聊聊演出，這是香港第一個演藝場地有這樣的氛圍，也是我愛自由空間的原因。

經歷了戲曲中心和自由空間的設計過程，我才明白到建築在文化城市中的重要角色。城市的文化既存在於內涵之中，也具體地呈現在形象之中。空間設計既影響城市的形象，也塑造城市的內涵。建築師需要把內涵和形象，於有限的時間、空間和預算中找出一個平衡。沒有一個文化場館的設計是完美的，其中一定有很多堅持和妥協，矛盾和取捨的過程。而在過程中，藝術團隊和工程團隊需要全情投入，既不忘初心，也要解決當下的問題，還要承擔長遠的後果。

雖說自由空間是個預算低，設計上很務實的場館，但作為單棟建築，在寸金尺土的香港，其實也是個很奢侈的場地。位處公園中間，兩旁是 M+ 和香港故宮文化博物館，背靠維港，這是得天獨厚的位置。我相信只要節目安排得好，它會成為一個風格獨特，引領先鋒藝術潮流和跨界合作的領導者。又或者，將來它可以有藝團進駐營運，成為創作和演出的基地，孕育出世界級的作品。

我現在常常去自由空間。在這數年間，這裡辦過戲劇、

■ 自由空間的自由氣氛（2023）

舞蹈、戲曲和藝術展覽，更會每年度主辦「自由爵士音樂節」。我喜歡傍晚前到達，先在門口的留白餐廳進餐，旁邊都是公園的遊人，半露天的氣氛永遠都很輕鬆。周圍是綠草，抬頭眺望遠處，發現樓高 108 層的環球貿易廣場仍有人在工作，更凸顯這裡有多舒服。每到周末，留白會變成 Live House，由西九安排節目，在這裡聽音樂是一流享受。自由空間外面有個小草坡，斜斜的很適合買支啤酒坐下跟朋友聊天，或獨個兒坐一會，一邊聽餐廳傳出來的音樂。這裡的舒適氣氛，總吸引人流連，常會碰到朋友，大家坐下來聊聊天。

這樣的氣氛在香港是獨一無二的，那種放鬆的感覺，與大自然接觸的感覺，加上音樂的融合，不高檔，也不市井，一切都剛剛好。短短數年，這場館已經發展出它的性格，真正是一個「自由空間」。

院團　結合——
演藝
綜合劇場

場館建成了，藝術家在哪裡？建設文化城市，不能只有場地。表演場地和藝術家，應有怎樣的關係？

我常常將表演團體和場地的關係比喻為廚師和餐廳。講究的廚師，都想經營自己的餐廳，在最理想的環境，以最理想的方式，為理想的客人提供最完整的美食體驗。

場地為家

表演藝術同樣，藝術團體都希望擁有自己的場地，用以創作、排練、演出，並接待觀眾。理想的演出場地是表演藝術家的「家」，「院團結合」則是藝團在演出場館建立獨特的文化，以承載藝術團體的信念和價值觀、日常營運風格、藝術和創造、記憶和傳統。表演場館是演藝文化的城堡，城市的文化在裡面生長、混合、發酵和累積。

在表演藝術的歷史中，除了宮庭式的皇家私人劇院之外，「院團結合」曾經是城市裡標準的經營模式。現場表演曾經是城市生活中一種主要娛樂，因此，成功的藝術家往往有足夠資金建立自己的劇院，例如五百年前文藝復興時代英國的莎士比亞，他既是演員兼編劇，同時是劇團班主，經營著自己的劇院。這種經營狀態延續到二十世紀才改變，電影院取代了商業劇院的娛樂功能，劇場變得需要政府補貼。從此，就算是最受歡迎的表演藝術家，也難以建立自己的表演場地了。

到了二十世紀，不同的國家開始資助文化藝術，政府出資興建劇院和音樂廳去讓更多公眾欣賞藝術，亦把藝術視為國家或城市的文化形象。在這種趨勢下成立了的一些國家級或城市級的劇院和劇團、音樂廳與樂團，仍然延續著「院團結合」的傳統，表演場館就是藝術家的「家」。

香港只是個由小漁村發展而成的港口城市，政府於二十世紀六十年代才開始小規模地資助文化。雖說已經在七、八十年代成立香港話劇團、香港舞蹈團和香港中樂團，但這三個政府藝團都不以他們的主要演出場地——大會堂和後來的文化中心為家，他們的排練和行政空間都在上環文娛中心。「院團結合」這理想從來只出現在香港管弦樂團上。自從1989 年香港文化中心開幕，整個樂團的團隊一直在文化中心工作和演出。雖然文化中心音樂廳並不由樂團管理，但樂團和音樂廳的形象是分不開的。

康文署於 2009 年，開始推行「場地伙伴計劃」，與一些演藝團體建立長期演出關係，但仍未算是「院團結合」，程度遠不及香港管弦樂團與文化中心音樂廳，絕大部分香港演藝團體都沒有一個家。

來到千禧年，我認為如果要推進香港的表演藝術發展，一定要發展更多「院團結合」的場館。2004 至 2007 年，我在香港藝術中心與詹瑞文的劇場組合合作了三年的駐場計劃「PIP 快樂共和」，是「院團結合」的一次嘗試。劇團在藝術中心排練和辦公，亦以壽臣劇院為主要演出場地。這計劃雖獲得不錯的成果，但只維持了三年。

「院團結合」的理想條件

2010 年我加入西九管理局，把「院團結合」的理想帶進了文化區的規劃。西九文化區作為香港有史以來最大型的文化建設，是發展「院團結合」場館的最後好時機。我那時設想，這些場館應有以下條件：

- 場館應有清晰的藝術性格，而非一個綜合性的藝術中心；
- 場館大小應該適中，比起外地來的演出，本地團隊的優勢是可以長期演出，建立口碑，培養觀眾；
- 場館中要有其他穩定收入的來源，例如餐飲、零售、寫字樓租金；
- 要有足夠的展覽、教育、排練、行政和儲藏空間。

我們運用以上的原則去規劃文化區的場館，盡量先預留足夠的建築面積和預算，為將來營運時「院團結合」創造條件。但如何在規劃階段去計算要預留多少空間給將來的駐場藝團？其中一個方法，是利用教育空間，這是我從管理藝術中心得來的經驗。課室、辦公室和藝術工作室，基本上可以互相轉換，只需要簡單裝修就可變身。所以，在規劃場館階段，該盡量預留更多課室和排練室，例如戲曲中心便有八個，是茶館新星劇團排練的地方，將來如要成立香港粵劇團，便可改裝作為劇團營運之用。另外，我們在西九整體規劃中也預留了兩個駐場藝團中心（Resident Company Centre），一個供音樂廳樂團使用，另一個是為其他藝團而設的。

在規劃階段，我們的策略是：先預留空間，等待時機，再製造時機。

2012 年，當西九文化區的發展規劃正式得到城市規劃委員會批准，我們進行著戲曲中心的設計比賽時，已同步開始與戲劇和舞蹈界商量將來的合作方式，大家都不約而同地希望探討駐場藝團的想法。戲劇界著眼當代表演中心，舞蹈界則向演藝劇場（1200 座位連一個駐場藝團中心）的方向設想。

後來，三個舞團，包括城市當代舞蹈團、香港舞蹈團和香港芭蕾舞團建議，將未來可由他們進駐的場館改名為舞蹈中心。他們的理由是，香港三大舞團其實各有不同方向，而又可以互補。他們分別以芭蕾舞、民族舞和現代舞為基礎，再以香港為出發點去創作和演繹。他們的觀眾來源不同，亦能夠互相補足和發展。例如在日常訓練和硬件設施，三團可以為彼此的團員授課訓練，部分排練和儲藏設施亦可共用分享。一般而言，一個城市的舞蹈演出比戲劇和音樂少，如果香港三大舞團的演出能集中在一個舞蹈中心，對觀眾培養，以至對舞蹈在城市裡的可見度，都可產生跳躍式的提升。

舞蹈和話劇的不同之處，是需要每天鍛煉，以舞蹈去踏出西九駐場藝團安排的第一步，最無爭議性，而且這三個舞團在香港的地位亦無人會反對，可得到社會上的支持。我們與三個舞團達到共識，唯一沒有同意的，是把演藝劇場改名為舞蹈中心，原因是三個舞團進駐時仍然只是規劃階段的構想，場地仍未進入具體設計，未有預算和建造時間表，將來仍有很多變數。定了方向，雙方都想朝這方向努力，可於適當時候再考慮改名未遲。

變陣的好與壞

結果，改變在 2014 年發生。西九於 2013 年落實，演藝劇場是繼小展亭、戲曲中心、M+、藝術公園和自由空間後的第六個場地。它位處 M+ 旁邊，將與公園及自由空間形成一個小西九。但當我們開始詳細研究設計要求和成本時，已發現預算根本不足夠。建築預算固然常常因經濟而波動，劇院既是特殊建築，估價就更加困難。要解決這困局，在不能增加預算的前提下，我們唯有變陣。我提議改變另一個未建的當代表演中心的場館規劃，原本裡面有三個中小型劇場，容納 150 至 400 個座位，我把其中 250 個座位的劇場，以及另外的 600 個座位的中型劇場納入演藝綜合劇場。當代表演中心的其餘兩個劇場，則轉移到其他往後才興建的設施裡。

這樣的變陣，有數個好處：

1. 這樣做等於減少了一棟建築，加上分拆了當代表演中心的設施，省下來的錢，便足夠興建演藝劇場。
2. 演藝劇場變得更大，成為演藝綜合劇場。主劇場的座位由原本 1200 個增至 1450 個，而且搬過來的中型劇場和當代表演中心其中一個劇場可以提早建成。
3. 加入了兩個中小型劇場，對於以舞蹈為中心的定位是更有優勢，舞蹈界非常贊成。

如此這般，演藝劇場擴大成為演藝綜合劇場，這看來是個打破框框，完美解決問題的方案，但如果從兩個角度分析，這其實是個折衷方案。

第一，當代表演中心的三個劇場因此被拆散，它的原意是以當代劇場為主的場館，戲劇界對這決定有點失望。我們唯有解釋演藝綜合劇場裡的三個場館是舞蹈與戲劇共用的，這是一個舞蹈加戲劇的綜合場館。

第二，就建立形象的角度看，我不喜歡綜合劇場這概念。藝術場館需要有鮮明的性格和特色，才能營造出人文氣質和氛圍。這綜合場館未來需要花很多心思和工夫去建立其藝術方向，以及形象和品牌。

事情就是這樣，眼前的問題漂亮地解決了，卻衍生了一些將來要面對的問題。世事無完美，一切都關乎你在甚麼時機，作了甚麼決定。而在當中，歷史感是很重要的——要記得這些問題在歷史中是怎樣發生的，解決後，又該如何走下去。

善用景色的設計

解決了這些問題後，演藝綜合劇場的設計工作正式開始，從 2015 至 2018 年，中心足足設計了四年。我很慶幸我們選擇了來自荷蘭的 UNStudio 為設計師，與他們合作的經驗相當好，儘管過程中經歷種種問題，他們都認真聆聽、思考，並回應，以美感和創意務實地解決種種實際問題。

香港坐落在維港旁的劇院不少，如大會堂、演藝學院和文化中心。全部都沒利用維港為劇院的主要景觀。西九的戲曲中心大劇院是第一個能從大堂欣賞維港的劇院，UNStudio

設計的演藝綜合劇場，讓觀眾從北面進入，經過八米寬的空中通道，走向壯麗的維港景觀，並前往大劇場和中劇場的大堂。從對岸看，演藝綜合劇場將是一個通透發光的玻璃燈籠。

場館裡的一個亮點，是將會有舞團進駐的舞蹈中心。我們當時的舞蹈主管陳頌瑛花了很多時間與三個舞團研究駐場藝團中心的設計，她很快已決定這應該叫「舞蹈中心」。

我們的難題是，場館起碼要六年後才完工開幕，關於駐場的安排，由於是新事物，西九與三個舞團還有很多原則和財務安排要商討，最關鍵的是租金，到最後，實際有多少個舞團會搬進去，亦是未知數。我們為此準備做了數個方案，以測試一團、二團或三團進駐時，空間該怎樣運用。由於空間有限，要是三團都加入，那麼這個舞蹈中心只能作排練創作和教育用途。如果只有單一舞團進駐，便可以全團進駐。

對場地設計來說，關鍵是有沒有靈活的多用途空間，像排練室、課程和辦公室空間愈多，便愈可滿足不同的安排。團隊們盡全力爭取，最終在演藝綜合劇場的舞蹈中心添了八個排練室，不算完美，但已算不錯。

這只是一小步

發展到這一步，演藝綜合劇場把舞團放進劇院裡的運作算是向「院團結合」邁向一大步，這類似香港管弦樂團在文化中心的安排，亦即是長期租客的關係。最極致的院團結合，是場地和藝團屬同一機構，場地所有檔期由藝團演出或者邀請製作，兩者同坐一條船上，形象合一。其實，所謂「院團結合」亦有不同形態，兩者可以是場地租用關係、夥伴合作關係，或同一公司內兩個部門的關係，甚至是從屬關係。合作的項目可短至數月，長達十年，或是永久性的。在民營劇場，這些關係通常比較靈活變通，在不同的社會環境下量身訂造。大前提是，場館要有足夠和能夠靈活變動的排練和辦公空間。戲曲中心和自由空間都有「院團結合」的條件，加上演藝綜合劇場，將來可以創造一種符合香港需要的「院團結合」模式。

最近，我讀《戲園・紅船・影畫：源氏珍藏「太平戲院文物」研究》一書，讓我了解到由十九世紀末到二十世紀中的這段時間，是香港民營劇場的黃金時代。香港人口當時只有二百多萬，全盛時期卻有十數個劇院同時運作，競爭激烈，完全植根於本土經濟和文化。以世界的視野觀察，這段時期香港和其他亞洲國際城市，如上海的劇場發展，是與歐美同步的。同時，因為經歷了工業和經濟發展帶來的榮景，也因為建築技術的提升而紛紛興建的劇院，同樣受到戰爭破壞，後來亦因為電影面世而必須轉型。雖然語言文化和演出內容不同，大格局是一樣的。為甚麼歐美城市的劇場文化，直至今天仍保留了民營和「院團結合」的傳統，而香港就已經絕跡了呢？如果這模式是一個國際大都會演藝文化活躍蓬勃的條件，我們又可否再將它復甦？這是我在西九管理局工作那九年，每天都撫心自問的問題。

四環策略——文化區的藝術策略

2015 年，戲曲中心和自由空間的工程已是如火如荼，準備於 2018/19 年開幕，演藝綜合劇場的設計亦已開展，在三個場地發展出「院團結合」的模式之前，我們需要發展一套適用於這三個場地的藝術節目策略。

藝術場館自然是要做藝術，但該怎樣做，做些甚麼？設立藝術策略（Artistic Strategy）正是為了解答藝術機構的這些問題，加上我們將來會有三個場館同時運作，更需要清晰的目標和邏輯，令團隊內所有人都知道背後的想法和方向。我們所訂立的藝術策略，除了可維繫團隊內部的思維，也能幫助決定事情的先後緩急次序，並更易於規劃財務預算，制定團隊分工和人事架構。有了策略，藝術團隊才有方向感去策劃具體的節目內容。

西九的場館都是硬件和軟件一起策劃的，而我們早在

2012 年開始製作各種開幕前節目時，已經逐漸發展出藝術團隊的架構。我們以藝術種類來分工，分為四組，分別是戲曲、戲劇、舞蹈和音樂與戶外節目組。將來戲曲組策劃的節目，可以在自由空間演出，戲劇組製作的音樂劇，也可以在戲曲中心演出。

另外，我們在藝術團隊裡設立了「製作人」的崗位，代替香港一直沿用的「節目經理」職銜，所以西九是沒有節目經理的，只有製作人，無論是邀請節目或者直接製作節目，都由製作人負責。我們相信場地應該鼓勵創作，而非只是邀請現成節目，西九是第一個香港演藝場地採取「製作人」這概念去策劃節目的，我們傾向聘請有製作經驗的同事，希望增加自製節目的比例。

四環策略

到了 2015 年，戲曲組、舞蹈組、音樂組以及戲劇組的人手都在位了，是時候討論藝術策略。我們全部人在會議室中集合，用牆上的白板和每人手上的一張大紙，花了數星期反覆討論。結果我們畫了四個圓圈，代表我們認為西九在演藝方面要做的事情，分別是：創作、交流、參與學習和公演，這四項代表了藝術方向的四個核心工作；我們又畫上箭嘴，把四個核心圓圈連起，代表工作目的的因果關係；圓圈的大與小，代表重要性和投放的資源，我們以這圖表訂立了「四環藝術策略」：

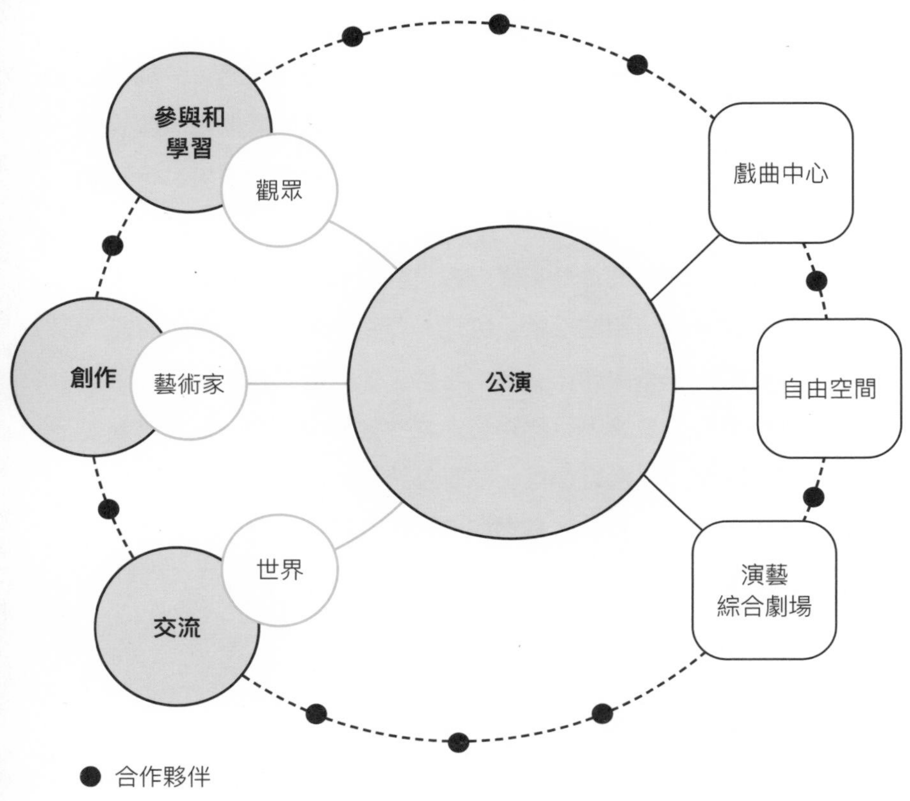

■ 四環藝術策略

在四環裡，公演是中心，也是最重要的。以一句話來形容這套藝術策略，那便是：「我們要成為藉著推動創作，連結世界和培養觀眾，最終以演出為本的藝術場館。」

意思是，西九的演藝場館的藝術目標是成為叫好又叫座，鼓勵長演和重演的場館。我們不是學校，不是實驗室，不是資助機構，不是智庫，西九的藝術部門只做四件事：

1. 創作——透過創作孕育好作品

2. 交流——建立與世界的通道

3. 觀眾拓展——以學習和參與項目開拓觀眾

4. 公演——把好作品帶給最多的觀眾

這策略裡面的核心是「好作品」，我們的信念是：達成首三項目標，我們便可以透過「創作」和「交流」找到好作品，透過「觀眾拓展」培養好觀眾，有了好節目和好觀眾，我們便能讓演出多做多演。

這看來不是太簡單了嗎？這不是所有藝術機構基本要做的事情嗎？是，也不是。有些藝術機構把這些工作當成獨立項目去做，做或不做，就看資源、機會，或者視乎負責同事的背景和喜好。一年到頭，他們都努力做了一堆好節目，但互相不能協調，整體效果混亂。整個西九文化區，長遠需要自負盈虧，我們的定位是以市場為本，需要培養叫好叫座的作品。

我們將來要管理三個場館，內裡有七個表演場地，需要讓所有部門內將會有的一百人、二百人、三百人團隊都清楚明白這套藝術策略。這四個方向是環環緊扣的，有因果關係，須分工合作才能達到整體效果，而非互相競爭資源的零和遊戲。

創作

創作是藝術場地的靈魂，這包括推動創作的各種活動，如作品委約、考察培訓、創作實驗、工作坊、試演等等，創作是去發展場館和藝術家的關係。

很多藝術場館不願意委約新作，原因是成本高，所花時間長，結果沒保證，失敗的新作比成功的多。新作一般比經典作品難吸引觀眾，票價也不能太高，除非是名家作品或者由明星擔演，但如此又會再增加成本。有些場館願意委約新作，但首演後不支持重演，亦是出於經濟考慮。

西九的場館會委約新作，但不是為了創作而創作。委約的目的是創作好作品，以擴大演出場次和觀眾量。所以，新創作需經過工作坊和不同階段的試演，水準滿意才公演。由於西九是製作人，直接控制成本，亦擁有作品的演出權，可以安排重演和外地演出。這策略可以在公演之前，盡量把作品打磨得盡善盡美。亦因為資源有限，我們仍需量力而為，但起碼目標清晰，要叫好叫座。要否委約某節目，試演後要否演出，都取捨有據。

在實行這套策略之後，舞蹈、音樂、劇場和戲曲每組都各有委約新作，其中有在試演後擱置的，也有只演過一次的，這些都在預計的範圍內。亦有些作品脫穎而出，例如小劇場粵劇《霸王別姬》便是成功例子，2017 年委約首演，至 2019 年已經演了十次共 28 場，後來再以同樣班底創作出第二齣《文廣探谷》以及第三齣《奉天承運》，三齣自製劇目連連獲獎，頻頻重演，延續了作品的藝術生命，長遠有望成為經典，建立場館的藝術形象。

《大狀王》亦是一個很好的例子。2016 年時，我們希望製作一齣能夠巡迴所有華語地區演出的音樂劇，邀請了岑偉宗、高世章和張飛帆開始探索。我們有意突破香港音樂劇創作時間不足的老問題，由場館主動委約主創人員創作初稿，完成了第一階段的劇本和歌曲後，我們再邀請香港話劇團聯合製作。2019 年史無前例地在大劇院辦了一次預演，要是一般的香港音樂劇，這次「預演」已經是首演，也是大部分劇目的最終演出版本，但《大狀王》的預演真的是打算作試戲和改戲之用，事實也是如此，預演之後演出改動不少。2019 年預演後，我離開了西九文化區，而《大狀王》也隨著紛亂的社會和疫情，數次推遲了正式首演，直至 2022 年 9 月，在委約這作品六年後，才第一次正式演出，結果真的叫好叫座，之前的長期投資沒有白費。2023 年底的重演再次爆滿，更引起華語劇場界的關注。我期待這個西九委約，西九和香港話劇團聯合製作的好作品，可以不停重演，長期巡迴華語地區。

文化交流

文化交流是與世界的關係，指向一些和外地及內地聯繫的活動，包括舉辦會議、考察、參加區域性聯盟和組織、簽署合作備忘錄等等。西九是仍在建設的新場館，2019 年起才陸續分多年開幕，實在很需要多與各地同行接觸，讓人家知道我們在幹甚麼。在場館開幕後，亦需要交流活動去開拓演出機會以及引進外地節目。

2014 至 2018 年，在場館開幕前，我們加入了數個國際演出聯盟，跟不同藝團和場館簽了合作備忘錄，其中戲曲組於 2015 年和上海戲曲藝術中心簽訂三年交流合作備忘錄，打開了和內地合作的大門，同事們也常常出席世界各地不同的藝術節和研討會。我們也主辦了四年「製作人網絡會議及論壇」，集中建立亞洲地區內的製作人交流網絡，為自由空間的開幕節目做了很多準備工作。舞蹈組 2018 年發起的亞洲舞蹈網絡（Asia Network for Dance，AND+），也是很有前瞻性的活動。

觀眾參與和學習

如果我們的工作是流行文化，就不需要特意拓展觀眾了，只需要對準觀眾的需要，專注於產品內容和推廣，但文化藝術並非流行產品，不是由需求帶動的產業，我們的藝術節目對一般市民大眾，在知識和品味上，都有不低的門檻，需要有一個學習賞析的過程，才懂得欣賞好作品，這就是觀眾拓展要做的工作。

觀眾拓展活動，包括學校專場、講座、場地導覽、工作坊、學習班等。目標對象是從來不買票入場的市民大眾，讓他們第一次來藝術場館，第一次體驗藝術，吸引他們再來第二次，繼續接收節目資訊，期望他們下次買票看演出。新觀眾不只是年輕人，也有很多中年人。

2015 年，我們聘請了專人為香港粵劇觀眾進行了一次市場研究，運用數據分析觀眾的年齡、教育背景，每年看粵劇的次數，觀劇的年資等，從而了解粵劇觀眾的老化趨勢，最後發現，五十歲以上的觀眾佔全部粵劇觀眾的 80%。二十年之後，粵劇觀眾將會剩下多少？我們也發現，很多粵劇觀眾都是在中年才開始投入到粵劇世界。我們要為新觀眾量身訂製一系列適合他們的入門活動，長期做，並重複做。這些從來不進劇場的人才是社會上的大多數，只要活動設計得好，推廣得好，市場是很大的。

公演

公開演出是四環藝術策略的核心。西九所有場館的公開演出節目都是由「自製節目」、「邀請外來節目」、「藝術夥伴」的節目和「租場節目」組成。有些場館演出租場節目較多，例如戲曲中心大劇院，有些場館自製節目最多，例如茶館劇場。將來演藝綜合劇場有「駐場藝團」作為藝術夥伴，可能有較多自製演出，但無論是哪一類演出都同樣重要，代表了場館的藝術水平和方向。

很多場館出租場地時沒在藝術水平把關，在宣傳場館時，又把這些租場節目故意隱去，是不負責任的態度。我們在設計租場規則時，特別希望吸引那些演期長的租戶，亦有為租戶的藝術水平把關，務求達致在這場地上演的節目都是好作品的目標。我們在宣傳上亦會提供協助，把節目推廣給更多觀眾。

「四環」是個務實的策略，既包含了建立場館藝術主體性的考慮，同時兼顧了市場考慮。既保持國際化的力度，也兼顧本土觀眾的培養。無論是資源多的時候或者是資源緊絀的日子，無論是只有一個場地，或者將來有四五個場館，甚至是二、三十個表演場地，這套策略都能應用。最重要的是，四環策略定立了一個容易理解的邏輯，那就是以第一至三個環去支持最終目標的第四個環。這關係清楚了，我們就可開始落實運作。從 2015 年起，直至戲曲中心和自由空間開幕，西九的演藝部門都運用了這套策略去執行人手編制、團隊分工和財務預算。我們按著不同場館的規模和落成時間表，以及四環的原則，發展各自的活動，直接並清晰。

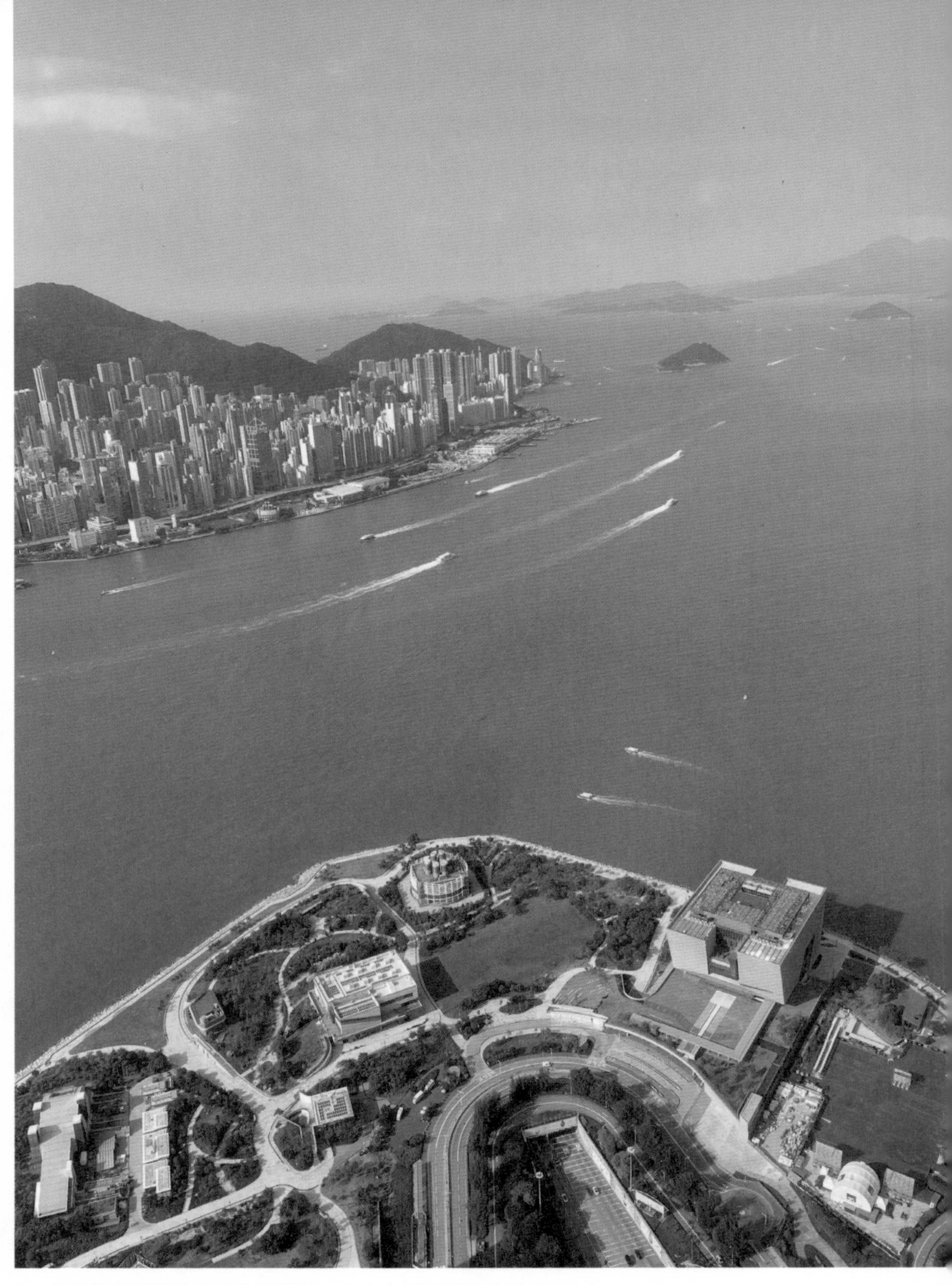

■ 高空俯瞰香港故宮文化博物館、自由空間及藝術公園（2022）

故事未完——這只是第一階段

2019 年，在戲曲中心、藝術公園和自由空間開幕之後，我便辭任了西九文化區管理局的工作。那時的想法是：從 2010 年開始規劃，到 2019 年兩個場地開幕，剛好是這個龐大計劃第一個階段的完結。經歷了這風風火火的九年，完成了這些開山劈石般的工作之後，我實在需要一個轉變。所以，我等不及演藝綜合劇場完成興建便離職了。

正因如此，在數年之後的今天，我才能夠從一個比較客觀的距離，去看待這個史無前例的文化項目與這城市的關係。

從 2019 至寫作本書的 2023 這四年之間，香港經歷了社會動盪和全球疫情，戲曲中心和自由空間於 2019 年開幕，兩個博物館，包括 M+ 和香港故宮文化博物館分別於 2021 和 2022 年開幕，直至 2023 年，香港才從疫情中恢復正常。西九第一階段的場館，在全城期待了二十多年之後，在這特殊的社會狀態中開始運作。

在這數年低沉的社會氣氛中，文化區可說是這城市少有的，令人振奮的新亮點。戲曲中心、自由空間、M+ 和香港故宮文化博物館各自滿足了不同觀眾和業界的需求，得到很好的回響。

我最大的感受是，在規劃時專門為普羅大眾而設的藝術公園，一如早已經預計到，受到廣大市民的歡迎。尤其是在疫情最嚴重的時候，大部分室內空間都不鼓勵人群聚集，當人人都被迫長時期留在家中的時候，剛開幕的藝術公園成為很多市民到戶外呼吸新鮮空氣，享受維港的天空海闊的好地方。我慶幸當年規劃時，沒有把這最接近海旁，能看到美麗的日落的地點劃成大劇院的地盤，而是留給了所有市民。

現在每次我去西九，我最喜歡的位置，不是公園，而是 M+ 的正門外，從那位置往西看，能看到香港故宮文化博物館、自由空間和藝術公園，也見到維港對岸；轉過頭往東邊看，戲曲中心就在遠方。2021 年第一次來到這裡看到這番景象，心裡震動不已，十年前在圖紙上看到的，多年來在心裡幻想過很多次的景觀，今天竟然已經建好了，能親眼目睹，感覺幸福。

戲曲在東，公園在西，一東一西把文化區的邊界凸顯出來。站在這裡，心裡泛起幾條問題：

第一，東西中間那部分將來會有甚麼？

第二，開幕了幾年，西九成功了嗎？

現在，M+ 與戲曲中心之間，仍是一片工地。首先我們要知道，來到 2023 年，西九仍只建成了原本計劃中一部分。除了將會在幾年內開幕的演藝綜合劇場之外，原初規劃的音樂中心和大劇場，仍然在計劃之中。文化區的主要財政來源，包括很多辦公樓、住宅和商場，有部分還未落實。很多標誌性的公共設施，例如海濱長廊、林蔭大道以及龐大的地下車道和停車場，均仍在興建。可以說，文化區現在的模樣，仍只是一個雛形，整個區最重要的格局，需要一段時間才能陸續成形。文化區的營運模式，是由政府出地和建造費用，然後利用商業項目去補助藝術項目，以達致自負盈虧。這模式非常特別，和世界上大部分已有的藝術區都不同，唯一類似的是位於上海徐匯濱江的西岸文化走廊，但那項目亦同樣未建成。

西九現在連興建都未完成，要評說文化區的成敗，仍然為時尚早。

但是，這個長期處於未完成狀態的文化區，對香港的藝術環境，在過去數年，已經造成一些很大的改變。首先，雖然只有數個場館開幕了，但因為集中在西九，令這區立即成為一個旅遊景點，是遊客必到之處，這對香港的品牌形象造成改變。西九文化區有可能在數年內成為香港新形象的代表，在國際上流行，建立文化之城的品牌。這亦是政府推動成立西九的原意——興建「世界級文化藝術場地」，今天場地雖未建完，品牌效用已經初見。可以預視的是，文化區將會為香港旅遊業帶來很大的轉變。

而這個世界級的文化區，肯定能有助香港文化藝術國際化，吸引最好的國際級展覽和演出，亦能推動香港與內地合作，創造新作品，合力將中華文化推廣至海外，協助香港扮演中外文化藝術交流中心的角色。

另外，由於西九管理局並非政府部門，又需要自負盈虧，西九在開拓商業上的贊助和合作皆很成功。開幕幾年，已經有不少與商界的合作。從這角度看，西九管理局突破了香港過去數十年完全由政府主導，公帑經營的藝術場館模式，建立了一個與商界更加接近，對商業項目更友善的經營策略。

回想政府原初推動文化區時以地產商主導營運，後來因為得不到支持而轉為以現在的法定機構模式去營運，過程可說波折重重，現在雖然塵埃落定，但如何在商業營運和藝術承擔之間取得平衡，未來仍有很大挑戰。

在表演藝術方面，我最期待的是西九能否做到「院團結合」，把場館營運和藝團營運結合，讓表演團體以場地為家，而場地也要以表演團體為靈魂。演藝綜合劇場正是以這目標而設計的，數年後開幕時如能做到，將會是香港表演藝術政策的一大突破。

演藝綜合劇場之外，藝術界最樂見的是音樂中心能盡快落實並開始設計，香港實在太需要一個新的音樂廳。由上世紀 1952 年由私人興建的璇宮戲院（皇都戲院的前身），到 1962 年開幕的大會堂音樂廳，及至 1989 年開幕的文化中心，七十多年來，香港音樂走過的道路，由普及化、專業化到國際化，今天的香港已有足夠的專業樂團和優質觀眾，理應擁有一個新的、世界級的音樂廳，而且一定會在西九誕生。到時候，西九便會擁有三個演藝場館和三個視藝場館，加上藝術公園、餐飲和商業設施，便有了世界級藝術區的格局了。

我也希望西九管理局的辦公大樓能夠吸引世界各國的文化機構或國際文化機構，例如聯合國教科文組織進駐，令香港成為中外文化藝術交流中心。另外，隨著科技的發展，我們可以想像西九將來的商廈裡，能吸引最新的娛樂產業、網絡遊戲、電子商貿、社交媒體等公司進駐，成為創意經濟的集中地。所以，西九並不只是西九，它實在太大和太重要了，它肩負著為香港建立形象品牌，以及香港文化藝術體制的整體突破和提升。西九的成敗，也是香港文化藝術的成敗。

最後，我想說說關於「未完成」這回事。

由於規模實在龐大，資金和經營環境也有很多變數，所以在規劃設計時，西九文化區是以分階段發展的概念去規劃的。在文化設施方面，我們也知道，未來並非 2010 年時能夠設想的，例如我們實在難以想像，到了 2030 年，藝術和娛樂科技將會發生甚麼轉變，社會到時需要甚麼場館？所以，留下部分土地作臨時用途，留待將來發展之用，也是西九的原意。

正因如此，當別人去西九文化區時，看到的是當下的節目，我去到那裡，禁不住會想起以前與大家討論時，有過甚麼想法與遺憾，並沒有完成，但同時，我又會想像，這地方將來可有的很多可能性，我希望大家看待這個未完成的西九時，要有這樣的歷史感。

Mandarin

Producer

Network

meeting

Forum

HK

consultant

顧問

Chairman

meeting Host

Host

co-host

world cafe

HKIB

$ 40-60

Resources Poo

Regional

① Meet

/Interests/Non

PPI

See

/Interested/

Project

Facilitate

總結與前瞻

時代・政策・機構和個人——香港如何邁向文化城市

這本書旨在分享的，是香港如何邁向文化城市的故事。我由六十年代開始落墨，書寫至 2019 年西九文化區漸漸落成這之間大約六十年的事。

這個故事有四個角色，第一個角色是「時代」。

時代是外在的環境，香港所處於的世界。這六十年裡，世界經歷了一個建設和發展的時代。沒有發生世界大戰，各國經濟紛紛起飛，科技突飛猛進。整體而言，是從混亂走向秩序，從貧窮走向富裕的六十年。

香港雖然只是一個小小的城市，卻也受惠於這個世界大勢，經歷了長期的和平與發展。經濟上，香港大部分時間處於繁榮狀態；政治上，實現了 1997 年政權的平穩過渡，成為中國的一部分；在人口、教育以及與世界的交流，這六十年都處於上升的軌道。

這就是這故事的時代大背景。在這樣的背景下，在全球很多地方，藝術由一種本屬於有閒階層的小眾興趣，變得愈來愈受大眾和政府重視，被視為人的基本需要，成為基礎教育的一部分。藝術被視為能幫助社群建立，令社會更具創造力，甚至能帶動社會經濟的項目。

藝術的範圍愈來愈闊，滲入生活的每一環節。藝術除了可以欣賞，提供娛樂，還可被擁有，人人都可參與。藝術能穿在身上，放進手機裡，應用在教育裡或商業宣傳中，甚或身心治療或社會服務。在這樣的時代裡，藝術的角色在社會大大地膨脹。

第二個角色是「政策」。

縱使世界上正發生這些藝術大趨勢，不代表香港就會跟隨。欠缺政策的配合，一個城市的藝術發展可以與世界或時代趨勢毫不相干，甚至反其道而行。

很多人評價香港沒有文化政策，但歷來香港政府投入了這麼多資源在文化藝術上，怎能說沒有文化政策？我認為香港在這六十年間，於不同的時代裡，曾推動了好幾波大規模的藝術政策，令香港文化變成現今的模樣。雖然這些政策從來不是白紙黑字，沒有文本依據和清晰定義，但從政府數十年來推行的多個項目，依然可以歸納出三項重要的文化政策。

首先，是從六十年代興建大會堂開始並延續至今的藝術「普及化政策」。這政策由政府擔起興建和營運博物館、表演廳、圖書館等文化場館的責任，資助了香港藝術節以及創立了香港國際電影節，亦於學校提供藝術教育，為市民提供優質的文化生活，而且人人都可以參與。

第二項政策是培育本地藝術人才。這政策由八十年代開始，具體措施包括資助各大表演藝團，以及演藝學院和藝發局的成立。目的是令藝術變成一個職業，讓本地人才得以投身，推動本土文化，增加香港人對這個城市的歸屬感。

第三是藝術國際化的政策。隨著九七回歸，香港的文化身份確立，變成中國的一部分，加上創意經濟的出現，政府主動推動香港成為世界級文化城市。這政策始於千禧年前後確立了西九文化區計劃，並延續至國家在 2021 年《十四五規劃綱要》中提及香港作為「中外文化藝術交流中心」的定位，香港正在建立在世界文化藝術中的地位。

這三項政策在不同年代形成，各自有不同的目標、背景和來龍去脈，在過程中不斷調整方向。這數十年疊加起來，形成了今天這個城市的文化藝術面貌，也是這故事裡重要的一部分。

這故事的第三個角色是「機構」。

我在此書中重點描述了三個文化藝術機構，除了因為它們在香港邁向文化城市之路中有代表性，也因為我曾在裡面任職，對它們有更深了解。

「機構」作為其中一個角色，是基於縱使每個機構都同樣受到時代和政府政策影響，但不同年代的機構，都有不同的董事局或領導人，種種「不同」都會影響機構的走向，令每個機構有自己的自主性。

第一個是香港藝術中心。

藝術中心是香港藝術發展的異數。它由政府出地，民間出資興建及營運的模式，在香港文化政策中屬前無先例，後無來者。它既有作為法定機構的建制地位，又有自負盈虧的民間風格，形成了一種具創業家精神的機構文化，為香港開創了許多別具一格的藝術項目。它在八十至千禧年代尤其活躍，至今仍然運作的項目包括獨立短片及影像媒體比賽和香港藝術學院。藝術中心四十多年的存在，是香港過去數十年成為文化城市的過程中，不能忽略的環節。

第二個機構是香港藝術發展局。

藝發局是香港藝術發展的里程碑。作為一個撥款機構，它史無前例地包容了社會上所有藝術範疇和各類型的活動，而且藝術家可以個人身份申請資助，不必等待文化機構的邀請。另外，由於藝發局有藝術界推選代表的機制，令香港的藝術家首次有了參與制定藝術政策的路徑。現在回看，藝發局的成立是香港在過去三十年裡，形成一個成熟而蓬勃的藝術社群的關鍵。

第三個機構是西九文化區管理局。

西九文化區的成立，無疑是香港文化發展中最大的事件。它的規模（四十公頃）、投資（216 億）和野心（世界級文化區），亦是史無前例的，它同時是香港第一個有地產發展權的文化機構。從 2008 年成立至今，這機構已經成立了十五年，經歷了好幾任領導人，開了四個場館（戲曲中心、自由空間、M+、香港故宮文化博物館）。它的空間規劃、運作模式和財務架構都與以往香港所有文化場館不同，這是香港作為一個文化城市一次跳躍式的創新。這項目目前只興建了某部分，因應時代和政策，將來仍然可以有很多變數和發展。

第四個角色是「個人」。

在「時代」、「政策」和「機構」之外，一個文化城市的建立，需要第四個角色——「個人」。個人的歷史、性格、喜好和際遇，往往會導致個別的選擇和行動。在香港成為文化城市的故事中，有很多很多「個人」參與其中，與「時代」、

「政策」和「機構」複雜地互動，混沌地推動了歷史的進程。

我有幸在過去三十多年裡，以不同身份，親身參與了這個進程。我認為這些經驗很值得被書寫下來，作為香港這故事的註腳和補充。因此，我在這本書中把個人經驗以及當時的想法寫下來，以參與者的角度，細看香港這條邁向文化城市的路，是怎樣走過來的。

這是一條很漫長的路，現在才走了六十年左右，而城市的時間軸往往由百年起跳，前面的路該怎樣走？這是一條宏大的題目，我在這裡簡單提出一些初步想法。

我常常問一條問題，文化區建成之後，城市就變得更有文化了嗎？

文化包括藝術，但不只有藝術。套用文化光譜的理論，城市文化是城市裡四種元素的總和——包括「信念和價值觀」、「日常生活風格」、「藝術和創造」，以及「記憶和傳統」。回顧過去六十年，香港在建設文化城市這條路上，集中發展了「藝術和創造」，尤其是表演藝術和視覺藝術；在「日常生活風格」上，香港人在生活各方面的設計和品味上，都有很大的進步和包容；在「信念和價值觀」上，香港人一方面仍有著傳統的觀念，同時也跟得上時代精神；唯獨在「記憶和傳統」這一塊，在這經濟急速發展的六十多年裡，香港人失去了很多。大量歷史建築被拆毀，不少傳統習俗和工藝都消失了。為了發展，我們犧牲了記憶和傳統的文化。

而在過去二十多年，全球對於「發展」的信念和價值觀已經改變，開始推動「可持續發展」概念，提倡重視社群的力量，鼓勵每個地方善用本土資源，發展可持續的經濟、環境和社會。聯合國教科文組織在 2003 年通過《保護非物質文化遺產公約》，推動各國保護各種生活文化的傳承，並得到熱烈回應，各國紛紛推出文化保育政策。時代已經轉變，這時代對於文化城市的要求，並不單單指擁有最好的音樂廳和博物館。

香港要成為文化城市，需要整個城市裡的各種文化都被重視，包括歷史建築、獨特城市的生活風格、非物質文化遺產、宗教和宗族生活傳統。過去數十年，當視覺藝術和表演藝術得到愈來愈多的支持時，這些分佈於城市不同角落的文化元素，反而大幅度地消失。一個把街上的霓虹光管消滅，再放進博物館的城市，並不是文化城市。

當香港的藝術發展達到擁有世界級的西九文化區時，我們更需要回到根本，思考全城，我們要以可持續發展的概念去思考文化。我們的文化政策，能否鼓勵社會各區，各個社群、商界和民間組織，一起發展和保存香港文化的各個範疇？包括信念和價值觀、日常生活風格、藝術和創造，以及記憶和傳統？我們能否訂立政策，透過更多跨領域合作去經營更健康的文化環境和文化市場？在不同的議題上，讓文化變得既是目的，也是手段，讓文化能夠普及並持續地存活於民間？

城市如何文化？文化城市是既擁有世界級文化區，亦有社區文化的城市；既有創新科技文化，亦保育傳統文化的城市；既相信文化有價，推動文化產業，亦相信文化無價，全民共享。

我見證了香港走上了這一條文化城市之路，這城市是如此堅強，我相信她能繼續走下去，愈走愈好。

我心中的 西九 戲劇區

（原刊於《明報》世紀版，26/04/2006）

上月去韓國首爾，在弘益大學附近的劇院區晚飯。那是個年青人的小區，有很多潮流商店，特色食店和咖啡屋，滿街都是海報和大學生模樣的年青人。韓國朋友說，那裡有二十多個小劇場，一百個座位左右，全是那種地庫小劇場。很多是聽音樂的 Live House，也有演棟篤笑的、舞蹈和戲劇的場地。我們六時去到，飯店外已有人龍，都是等會要去看表演的。街上有不同的人穿著戲服唱歌和派傳單，為晚上的演出作最後宣傳。我們沒看演出，但很能感受到街上的活力。吃完飯，這一區的酒吧和咖啡屋又排起人龍來了。看來，這區是個不夜天。

每到外國，我都會逛逛當地的劇院區。我很喜歡東京的下北澤，那裡是東京的戲劇大本營，一個小山丘，交通方便，幾條街當中，有十來個二、三百個座位的小劇場。那是個很悠閒，很平民的地方。很多是白領來看戲劇，順便光顧這區的飯店和別有特色的小酒館。從八十年代起，這裡便成為民營劇場的集中地，各有特色，每年一度的「下北澤演劇祭」都有一番熱鬧。

過去十年，文化界有很多關於演藝設施的討論。每當有人問我，香港需要甚麼演藝設施，我便很頭痛。劇院夠嗎？不夠？要多少個？座位要多少？建了出來有觀眾嗎？我們有這麼多節目嗎？香港不是已有很多劇院了嗎？是時候再建新劇院嗎？是先有劇院，然後用劇院來培養觀眾，抑或先有需求，才建劇院？

頭痛之餘，我常常想起外國那些劇院區。首先，我們要知道，香港絕大部分場地，都是一些以服務地區為主的文娛中心，這些場地的設備不錯，但主要的目的是滿足該地區的各種社區需要，而不是專為推動藝術而設的。因此，這些場地天生性格模糊古板，而且非常分散，東一間西一間，它們的目的不是要營造一個凝聚一起，成行成市的氣氛。

世界最著名的劇院區在紐約，而紐約的戲劇蓬勃，是因為除了有百老匯劇院區外，它還有一個為數眾多的外百老匯劇院群，和更外面的百老匯劇院群，姑且稱之為外外百老匯。百老匯的戲劇非常主流商業化，劇場都很正規，座位也多，外外百老匯卻很前衛、很實驗，劇場規模都很小，但數量很多。而外百老匯則介乎兩者之間。三個劇院群各有觀眾，亦互有交流，有些演出在外外百老匯得到成功，便移到外百老匯演出，甚至變成商業化的百老匯製作。

香港不能和百老匯相比，但從劇院大小數量的比例來看，香港的劇院分佈是很奇怪的，全香港四、五百座位的劇院有十個，一千位以上的有七個，一百位以下的卻只有五個（兩個在藝穗會，一個在藝術中心，一個在牛池灣，一個在牛棚藝術村）。在這三個類別中，小劇場竟然是最少的。原因是，絕大部分香港劇場都是由政府為社區設計的，在他們眼中，小劇場是藝術界的小眾需求，不需包括在社區設施裡。而事實上，在一個正常的創意產業環境中，中小型團體應該是活力的來源，而香港正正缺乏二、三百位的小劇場，給中小型的音樂、舞蹈和戲劇團體發展。小劇場不蓬勃，導致很多在藝術上未成熟的演出都要在四百多座位的劇院演出，而因為要應付票房壓力，往往導致這些年青劇團都被迫選演喜劇。長遠來說，一個只能容納喜劇的劇場環境，是產生不了創意的。

其實，香港的戲劇，是所有華語城市中最活躍的。經過演藝學院和藝發局的多年經營，香港已培養了相當成熟的戲劇人才。每年演出超過二千場，活躍的專業劇團約有二十個，劇目種類也是最多元化的——商業的、實驗的、傳統的、前衛的、政治劇場、社區劇場、舞蹈劇場、音樂劇場、青年劇場全部都做得不錯。無論數量，質量和多元化方面，我們都遠超出北京、台北、上海和新加坡。我們的觀眾口味多元化，英語演出和普通話演出都有市場。數量方面，《男人之虎》直至最近演了九十一場，觀眾達六萬人次。雖無正式統計，但我相信，每年至少看三、四齣舞台劇的觀眾，應有約三萬人，而且在逐年增加。

今天，香港劇場面臨一個機會和一個瓶頸。機會是：電影業受到科技影響，已愈來愈少人去戲院看電影。要離家娛樂，人們愈來愈願意選擇 live show，紅館式那千篇一律的演唱會已不足夠，人們希望看到新的形式。戲劇界經過多年培養，已有多元化的人才，已能把戲劇由傳統藝術圈子，擴展到一般市民的興趣當中。香港劇場正面臨一個場地瓶頸，如果有足夠的新場地，戲劇能漸漸由小眾活動變成大部分人文化生活的一部分，和電影、電視和音樂業接軌，共用人才，互相支援，成為香港文化產業的一部分。

我心目中的香港劇院區

香港的劇院區不只是供戲劇界使用。在兩三條街道中，有七、八間四至六百位的劇院，同一區，亦有七、八個平均二百位的小劇場。街上佈滿廣告牌和橫額。劇院區內除了戲劇，應有專注戲曲、音樂和舞蹈的劇院，區內劇院容許長期演出（Long run），亦會平衡本地和外來的節目。劇院區同時是餐飲區和購物區，亦有酒店和辦公室大樓。區內沒有大型購物商場，但有大量步行街，街上會有各種演出和小攤檔。

劇院都是獨立經營的，但共享一個購票中心。業權由一個法定機構擁有，再以十到十五年的年期，把經營權批給不同的機構。該法定機構需視乎社會的需要，平衡區內不同的劇場營運者的方向。這樣的設計，座位數量有約六千個，再加上兩三個二千位左右的大型劇院或音樂廳，總座位約是一萬個。而西九龍文娛藝術區原初的設計，是三個劇院，座位分別是二千、八百和四百，共三千二百個，再加上一個容納一萬人的演藝場館，總共一萬三千二百個座位。

其實，劇院區最重要的不是劇院的座位數量，而是如何營造一種文化氣氛。香港這個劇院區的氣氛將會是年青、有文化和活力的，而非拘謹、市儈和沉悶。和香港其他的文娛設施不同，這裡的文化氣氛是融入到街上，無論是進場的觀眾或路過的遊客都感受得到。

這樣的構思，其實不算有新意，早在兩年前，當香港仍未想清楚西九是文化項目抑或地產項目，要天幕抑或不要時，上海已經制定了劇院街的計劃。他們叫做「戲劇一條街」，計劃於上海戲劇學院和上海話劇藝術中心的周邊地帶，將十一個已建和新建的劇場聯為一體，做成一個群聚效應，推動上海「成為一個國際文化大都市」。今天，這個計劃正在陸續完成。

當然，香港不必事事和上海比較。劇院區的構思最應該參考的對象，是我們熟悉的倫敦西區的劇院區，以及裡面的柯芬園。去過倫敦的香港人，大都看過一兩齣音樂劇，逛過柯芬園，感受到那裡的文化氣息，也想過「為甚麼香港沒有這樣的地方」。我們要知道的是——倫敦西區劇場縱然有巨大的經濟效益，亦是英國旅遊業的旗艦。劇場對英國人來說，不是一個經濟項目，更不是旅遊項目。經濟和旅遊是戲劇文化的副產品。那一區的數十個劇院，代表了英國數百年來，作為民族文化支柱的戲劇傳統。我們的劇院區，我們的西九，也不應是個旅遊項目，它是一個長遠投資的文化基建，終究要成為，在將來數十年，培養我們下一代的文化的一塊腹地。

文化城市之路

茹國烈／著

作　　者：茹國烈
責任編輯：饒雙宜
編　　輯：陳國慧、楊寶霖、石育棓 *
設　　計：又一山人
排　　版：Oiman

出版：國際演藝評論家協會（香港分會）有限公司
香港九龍石硤尾白田街 30 號賽馬會創意藝術中心 L3-06C 室
電話：(852) 2974 0542
傳真：(852) 2974 0592
網址：www.iatc.com.hk
電郵：iatc@iatc.com.hk

承印：美雅印刷製本有限公司
香港九龍觀塘榮業街 6 號海濱工業大廈 4 樓 A 室
發行：聯合新零售（香港）有限公司
香港鰂魚涌英皇道 1065 號東達中心 1304-06 室
電話：(852) 2963 5300
傳真：(852) 2565 0919
電郵：info@supretail.com.hk

版次：2024 年 2 月初版
規格：16 開（210mm X 150mm）
國際書號：978-988-76138-2-4
建議分類：香港專題 / 文化藝術
定價：港幣 138 元

International Association of Theatre Critics (Hong Kong) 國際演藝評論家協會(香港分會)

資助 Supported by

國際演藝評論家協會（香港分會）為藝發局資助團體
IATC(HK) is financially supported by the HKADC

香港藝術發展局全力支持藝術表達自由，本計劃內容並不反映本局意見。
Hong Kong Arts Development Council fully supports freedom of artistic expression. The views and opinions expressed in this project do not represent the stand of the Council.

* 藝術製作人員實習計劃由香港藝術發展局資助。
The Arts Production Internship Scheme is supported by the Hong Kong Arts Development Council.